클레멘트 스톤처럼 성공하기

클레멘트 스톤처럼 성공하기

초판 1쇄 인쇄 2012년 11월 15일
초판 1쇄 발행 2012년 11월 20일

지은이 William Clement Stone
옮긴이 황우상
펴낸이 金泰奉
펴낸곳 한솜미디어
등 록 제5-213호

편 집 박창서 김주영 김수정 이혜정
마케팅 김영길 김명준
홍 보 김태일

주 소 143-200 서울시 광진구 구의동 243-22
전 화 (02)454-0492(代)
팩 스 (02)454-0493
이메일 hansom@hansom.co.kr
홈페이지 www.hansom.co.kr

값 13,000원
ISBN 978-89-5959-332-3 (13320)

* * *

이 책의 한국어판 저작권은 '도서출판 띠앗 / 한솜미디어'에 있습니다. 저작권법에 의하여 한국 내에서 보호를 받는 저작물이므로 무단 전재와 복제를 금합니다.

불황을 극복하는 절대 성공시스템

클레멘트 스톤처럼 성공하기

윌리엄 클레멘트 스톤 지음 | 황우상 옮김

한솜미디어

클레멘트 스톤처럼 성공하기
The Success System that Never Fails

차 례

프롤로그 · 007

제1부 첫발을 내딛다

작은 친구가 신문팔이로 성공할 때 활용했던 기술들이 이후에 성공전략으로 완성되고, 그 전략을 사용하여 다른 사람들도 부를 축적할 수 있다는 사실을 깨닫고 미소를 지었다. 작은 친구의 행동은 잊어도 상관없다. 지금은 세 가지만 기억하라. 행동에 필요한 자극, 노하우, 행동지침. 이 세 가지가 성공의 열쇠이기 때문이다.

1장 _ 소년, 성공을 찾기 시작하다 · · · · · · · · · 014
2장 _ 내일을 위한 준비 · · · · · · · · · · · · · · · 025
3장 _ 스스로 이루는 사람 · · · · · · · · · · · · · 040
4장 _ 미래를 흘려보내지 마라 · · · · · · · · · · · 054

제2부 보물지도를 찾아서

노하우란 무엇을 어떻게 하는지 안다는 의미가 아니다. 바로 행동지침이다. 노하우란 어떤 것을 기술적, 효과적으로 최소한의 시간과 노력을 들여서 올바르게 하는 것을 말한다. 당신에게 노하우가 있다면 어떤 것을 계속해서 성공적으로 할 수 있다. 노하우도 일종의 습관이기 때문에 당연히 경험으로부터 나온다.

5장 _ 성공할 때 힘이 덜 든다 · · · · · · · · · · · 068
6장 _ 방향을 제대로 잡아라 · · · · · · · · · · · · 083
7장 _ 실천력 · 096

제3부 화려한 여정

진짜 살맛 나는 인생이었다. 그때는 모든 것이 호황이었다. 하지만 곧이어 전 세계적인 대공황이 들이닥쳤다. 사람들은 직장을 잃고 거리를 방황했으며 굶주리고 고통스러워했다. 두려움이 국가를 뒤흔들었고, 부자들은 하룻밤 사이에 가난뱅이로 전락하였다.

- 8장 _ 날개를 달다 · · · · · · · · · · · · · · · 110
- 9장 _ 역경을 이겨내다 · · · · · · · · · · · · 124
- 10장 _ 방법을 찾아라 · · · · · · · · · · · · · 140
- 11장 _ 인간의 길 · · · · · · · · · · · · · · · · 151
- 12장 _ 원하는 곳으로 가는 방법 · · · · · · · 162

제4부 진정한 자산

아르키메데스는 과학자나 발명가들처럼 돈이나 사업에는 관심이 없었다. 하지만 그가 그런 것에 관심이 있었다면 똑같은 방법으로 자신의 의식과 잠재의식을 활용했을 것이다. 그는 운명을 바꾸는 힘을 어떻게 사용하는지 알고 있었기 때문이다.

- 13장 _ 부와 기회 · · · · · · · · · · · · · · · · 176
- 14장 _ 야망에 불을 지피는 방법 · · · · · · · 186
- 15장 _ 재능 있는 사람은 만들어진다 · · · · 203
- 16장 _ 운명을 바꾸는 힘 · · · · · · · · · · · 212

제5부 탐구의 끝을 맺다

시간기록부는 손에 낀 장갑처럼 자신의 생활에 꼭 들어맞아야 한다. 누구나 자신만의 시간기록부를 만들 수 있다. 그것을 사용하면 자기가 선택한 어떤 일에서든지 성공할 수 있는 동기를 얻을 수 있다. 물론 시간기록부를 매일 사용해야 한다.

- 17장 _ 진정한 자산 · · · · · · · · · · · · · · 226
- 18장 _ 성공지표가 성공을 부른다 · · · · · · 240
- 19장 _ 찾아라. 얻을 것이다 · · · · · · · · · 257

클레멘트 스톤처럼 성공하기

| 프 | 롤 | 로 | 그 |

성공전략, 정말 있을까?

"잉크 한두 방울로 쓴 글자 몇 마디가 수천 명, 아니 수백만 명의 생각을 움직인다."

바이런[1]이 『돈 후안 Don Juan』에서 한 말이다.

많은 사람이 성공을 원한다. 지금 이 순간에도 지구촌 이곳저곳에서 자신의 발전을 위하여, 꿈을 이루기 위하여 무엇을 해야 하는지 질문하는 사람들이 있다. 목표를 향해 달리는 사람은 마음과 영혼 깊은 곳에서 울려오는 비밀, 즉 해답을 얻는다. 그러나 대부분의 사람들은 계속 질문만 하고, 꿈만 꾸거나 소원을 빌기만 한다.

그러던 어느 날 문득 정신을 차려보면 어릴 적 꿈꾸었던 바로 그 자리에 그대로 서 있는 자신을 보게 된다. 그리고는 잃어버린 꿈을 생각하면서 어쩌다 이렇게 되었는지 의아해 한다.

---

1) George G. Byron. 1788~1824. 영국의 대표적인 낭만파 시인

누구나 소원은 있다

사람에게는 누구나 원하는 것이 있다. 그것이 돈이 될 수도 있고, 명예가 될 수도 있고, 권력이 될 수도 있다. 그리고 어떤 사람에게는 이웃에 대한 봉사, 사랑이거나 행복한 결혼과 가정일 수도 있다.

많은 사람이 어떤 형태로든 성공을 갈망한다. 행복해지는 것, 건강해지는 것, 부자가 되는 것 그리고 인생의 진정한 풍요로움을 경험하는 것 등등. 이런 것들은 보편적인 소망이다. 이러한 소망은 우리가 원하는 것을 이루기 위해 행동하도록 영감을 불어넣는다.

당신은 성공할 수도 있고, 실패할 수도 있다. 기회의 땅 미국에서 많은 사람이 소망을 현실로 만들었다. 그러나 더 많은 사람은 인생의 쓴맛을 보아야 했다. 왜 그런 결과가 나온 것일까? 어디서부터 잘못된 것일까? 이유를 찾을 수 있을까?

이 책에서 답을 찾을 수 있을 것이다. 이 책에는 공식과 처방과 비결, 원한다면 보물지도까지 나와 있으므로, 이 방법들을 적절한 순서에 따라 지킨다면 좋은 결과를 얻을 수 있다.

성공법칙들은 너무 간단하고 뻔해서 눈에 쉽게 띄지 않는다. 그러나 그런 법칙들을 찾고자 한다면, 그래서 조금만 주의를 기울인다면 발견할 수 있다. 성공법칙을 찾는 동안 아주 근사한 일이 일어날 것이다. 당신은 지식을 습득하고 경험을 쌓고 영감을 얻게 된다. 그 후에 성공의 필수요소들이 무엇인지 깨닫기 시작할 것이다.

아동센터에서

얼마 전에 나는 켄터키 주 루이스빌에 위치한 켄터키아나 아동센터에 방문해 달라는 초대를 받았다. 이미 센터의 책임자인 로레인 골든 박사가 자신의 개인병원으로 들어오는 수입을 포기하고, 하느님의 도움과 더불어 자신의 재능과 경험을 장애아동들의 재활에 쏟고 있다는 소식을 듣고 있었다.

병원에 도착하여 시설을 둘러보니 정갈하고 깨끗했다. 의자 한 귀퉁이에 앉아 있는 작은 소녀를 발견하고 그 앞에 멈춰 섰다.

"이름이 뭐니?"

"제니예요."

제니의 어머니가 바로 옆에 앉아 있어서 그녀에게 제니에 대해 이야기해 달라고 부탁하였다. 그녀는 한동안 내 눈을 물끄러미 응시하더니 입을 열었다.

"제니는 여섯 살이에요. 태어날 때부터 장애가 있었어요. 돈이 없어서 제대로 치료를 못해 4년 동안 걸을 수 없었지요. 누군가의 소개로 이 병원에 왔는데, 골든 박사는 제니의 신경이 차단되어 있다고 하더라고요. 이제 제니는 걸을 수 있답니다."

제니의 어머니는 잠시 멈칫하였다. 무엇인가 더 말하고 싶은 눈치였지만 사적인 이야기인 것 같아 그녀가 다시 입을 열 때까지 기다렸다.

"스톤 씨… 제가 말씀드리고 싶은 건….'"

제니의 어머니는 다시 멈칫하였다. 그러더니 조심스럽게 말을 이었다.

"우리 교회 이외에 이곳이 하느님이 살아계시는 것을 느끼는 유일한 곳이랍니다."

제니의 어머니는 말을 마치며 북받치는 감정을 애써 숨기려는 듯 고개를 숙였다. 어쩌면 눈물을 들키지 않으려고 했는지 모르겠다. 태어나서 4년 동안 걸을 수 없었던 제니가 걸어와 두 팔로 엄마를 껴안고 뽀뽀해 주었다.

나는 계속 병원을 둘러보며 켄터키아나를 현실로 만든 것이 골든 박사의 마음에서 끓고 있는 소망이라는 것을 느꼈다. 아낌없이 헌신하려는 소망을 도무지 억누를 수 없었던 것이다. 그러나 소망을 행동으로 옮기기 위해서는 야망과 결단력이 동반되어야 한다.

모든 성공은 소망에서 비롯된다

"야망이 없다면 어떻게 야망을 키울 수 있을까? 결단력이 없다면 어떻게 결단력을 기를 수 있을까? 자신이나 다른 사람의 동기를 북돋워 행동하게 하려면 어떻게 해야 할까?"

사회 각계각층의 사람들이 나에게 이런 질문을 하곤 한다. 부모님들, 교사들, 세일즈맨들, 관리자들, 임원들, 고등학교와 대학교 학생들 너나할 것 없이 물을 때 나는 이렇게 대답한다.

"우선 소망을 키우세요."

그런데 어떻게 소망을 싹 틔우지? 어떻게 시작하지?

이 질문들은 이 책을 읽으면서 점차 자명해질 것이다. 명심해야 할 것이 있다. 소망 안에는 마법이 숨어 있는데 어떤 마법이 펼쳐질지는 마법사의 솜씨에 달려 있다. 그리고 솜씨는 세 가지 필수요소들에 의해 좌우된다. 사실 사람이 무슨 일을 하든지 지속적으로 성공하기 위해서는 이 세 가지 필수요소가 중요하다. 그것을 나는 배웠다. 그리고 절대로 실패하지 않는 세일즈 전략을 개발했을 때 그것을 증명해 보였고, 그 전략으로 놀라운 발견을 하였다. 완벽한, 절대로 실패하지 않는 성공전략이었다.

미래를 위해 소망을 품어라

나는 각계각층 수백 명의 사람들 삶 속에서 성공의 원리에 대해 알아보았다. 꾸준히 연구하고 실험하여 성공과 실패의 이면에 있는 원인들을 발견하였다. 그리고 중요한 사실을 한 가지 더 발견하였다. 실패한 사람들이 성공할 수 있도록 동기를 부여하는 방법이다.

기쁘고 아름다운 것들은 다른 사람들과 나누면 더 커진다고 믿기 때문에 이 책을 통하여 내가 발견한 성공의 기술들을 많은 사람들과 나누려고 한다.

그리고 당신이 이 책을 한 장 한 장 넘기면서 나와 함께 보물찾기 여행을 떠난다면, 절대로 실패하지 않는 성공전략을 사용하여 당신의 소망이 현실이 될 수 있다는 것을 경험할 수 있을 것이다.

힌두교 전설에 의하면 신들이 세상을 창조하면서 다음과 같은 이야기를 나누었다고 한다.

"가장 귀한 보물을 어디에 감춰야 사람들이 잃어버리지 않을까? 어떻게 감춰야 욕망과 탐욕이 그 보물들을 훔치거나 파괴하지 못하게 할 수 있을까? 어떻게 해야 이런 보물을 대대손손 물려 모든 인류에게 유익이 되게 할 수 있을까?"

지혜를 발휘한 신들은 너무 뻔해서 눈에 잘 띄지 않는 한 장소를 선택해서 보물을 숨겨두었다. 그리고 신들은 거기에 인생의 진정한 부를 놓아두었고, 끊임없이 자가 발전할 수 있는 마법을 부여하였다. 절대로 실패하지 않는 성공시스템을 따르는 사람이라면 어느 곳에 사는 어느 누구라도 숨겨져 있는 보물들을 찾아낼 수 있다.

마지막으로 이 책을 읽을 때 내가 당신의 친구로서, 오로지 당신을 위하여 쓴 편지를 읽는다고 생각하기 바란다. 이 책은 인생의 진정한 부를 찾으려는 사람들에게 바치는 것이기 때문이다.

W. 클레멘트 스톤

제1부
첫발을 내딛다
...

1장 _ 소년, 성공을 찾기 시작하다
2장 _ 내일을 위한 준비
3장 _ 스스로 이루는 사람
4장 _ 미래를 흘려보내지 마라

| 제1장 | **소년, 성공을 찾기 시작하다**

당시 여섯 살이던 나는 잔뜩 겁을 먹고 있었다. 험악한 시카고의 사우스 사이드에서 신문을 파는 것은 쉬운 일이 아니었다. 번화가를 장악하고 있는 나이 많은 아이들이 더 큰 소리로 손님을 부르고 나에게 주먹을 내보이며 여기서 신문을 팔지 말라고 위협할 때 특히 그랬다.

그 어두운 시절들의 기억은 아직도 내 기억 속에 생생히 남아 있다. 왜냐하면 그때 처음으로 나에게 불리한 상황을 유리하게 바꾸어놓았기 때문이다. 지금 보면 대수로운 일이 아닐 수 있지만 그 사건들이 성공으로 가는 시작이었다.

휄레 레스토랑은 내가 신문을 팔고 있던 길모퉁이에 있었는데 어느 날 문득 '저 식당에서 신문을 팔 수 있지 않을까?' 하는 생각이 들었다. 레스토랑은 항상 분주하고 번화해서 여섯 살짜리 아이의 눈에는 제국처럼 보였다.

잔뜩 긴장한 채 레스토랑 안으로 들어가 첫 번째 테이블에서 운

좋게 신문 1부를 팔았다. 두 번째, 세 번째 테이블에서 식사하고 있던 손님들도 신문을 사주었다. 그러나 내가 네 번째 테이블로 다가갔을 때 휄레 씨가 나를 레스토랑 밖으로 내쫓았다. 하지만 이미 신문 3부를 팔고난 후였다.

휄레 씨가 보고 있지 않을 때를 틈타 몰래 레스토랑으로 들어가 네 번째 테이블로 갔다. 그 유쾌한 손님은 나의 근성을 마음에 들어했던 것 같았다. 손님은 나에게 신문 값을 지불하고 10센트짜리 동전을 하나 더 주었다. 그것을 본 휄레 씨는 나를 다시 밖으로 밀어냈다. 그러나 신문 4부를 팔았고 보너스로 10센트도 받은 뒤였다.

몰래 레스토랑 안쪽으로 들어가 다시 신문을 팔기 시작했다. 그곳에서 손님들은 식사를 하며 나와 휄레 씨의 실랑이를 즐기고 있었다. 휄레 씨가 내게로 다가오자 한 손님이 큰 소리로 말했다.

"그대로 놔두세요."

나는 약 5분만에 가지고 있던 신문들을 모두 팔았다.

다음 날 저녁, 다시 레스토랑으로 갔다. 휄레 씨는 어제 그랬던 것처럼 나를 현관 밖으로 내몰았다. 그러나 내가 몰래 들어가려 하자, 어쩔 수 없다는 몸짓을 하며 말했다.

"도저히 못 당하겠군."

그 이후로 우리는 좋은 친구가 되었고, 더 이상 아무 문제 없이 레스토랑에서 신문을 팔 수 있게 되었다.

시간이 지난 후에도 나는 그 소년을 떠올리곤 했다. 마치 그 소년이 내가 아닌, 아주 오래전의 낯선 친구인 것처럼. 큰 보험회사의 사장이 된 후 내가 터득했던 이론을 토대로 소년의 행동을 분석해 보았다. 다음은 내가 내린 결론이다.

1. 소년은 돈이 필요했다. 팔리지 않는 신문은 소년에게 아무 소용이 없다. 소년은 신문을 읽을 수도 없다. 신문들을 사기 위해 빌린 몇 푼의 돈마저도 잃게 된다. 여섯 살짜리 꼬마에게 돈을 잃는다는 재앙은 동기를 부여하기에 충분했으므로 소년은 계속 노력했다. 소년에게는 **행동에 필요한 자극** Inspiration to Action이 있었다.
2. 레스토랑에서 신문 3부를 팔고 난 후 창피를 당하고 밖으로 쫓겨났지만 소년은 다시 레스토랑으로 들어갔다. 세 번을 드나든 후에 소년은 레스토랑에서 신문을 파는 데 필요한 기술을 습득했다. 소년은 그렇게 **노하우** Know-how를 얻게 되었다.
3. 소년은 어떻게 말해야 하는지 알고 있었다. 밖에서 신문을 파는 다른 아이들이 신문의 머리기사를 큰 소리로 외치는 것을 들었기 때문이다. 소년은 신문을 사줄 것 같은 손님에게 다가가 부드러운 목소리로 머리기사를 반복하여 말하였다. 소년은 그렇게 필요한 **행동지침** Activity knowledge을 얻게 되었다.

나는 그 작은 친구가 신문팔이로 성공할 때 활용했던 기술들이 이후에 성공시스템으로 완성되고, 그 전략을 사용하여 다른 사람들도 부를 축적할 수 있다는 사실을 깨닫고 미소를 지었다.
작은 친구의 행동은 잊어도 상관없다. 지금은 세 가지만 기억하

라. 행동에 필요한 자극, 노하우, 행동지침. 이 세 가지가 성공의 열쇠이기 때문이다.

소년의 탐색이 계속되다

비록 가난하고 낙후된 지역에서 자랐지만 나의 어린 시절은 행복했다. 아이들은 가난하더라도 잘 곳과 먹을 것, 놀 수 있는 공간이 있으면 행복하지 않은가?

나는 친척 집에서 어머니와 살았다. 그 당시 아파트 맨 위층에 사는 어느 소녀의 할아버지에게서 카우보이와 인디언에 대한 이야기를 자주 들었다. 그 재미있고 흥미진진한 이야기는 나의 상상력에 불꽃이 튀게 하였다. 이야기를 하다가 할아버지가 힘들어하실 때면 뒷마당으로 내려가 버펄로 빌[1]이나 위대한 인디언 전사 놀이를 했다. 작대기와 낡은 빗자루로 만든 내 조랑말은 서부에서 가장 빠른 말이 되어주곤 했다.

어머니의 모습을 떠올려보라. 어머니와 아이는 밤마다 침대에 누워 그날 있었던 좋았던 일과 나빴던 일에 대해 이야기를 나눈다. 한참 동안 이야기를 나눈 후 침대에서 나와 하느님의 인도를 간구하는 어머니 옆에 무릎을 꿇은 아이의 모습을 상상해 보라. 그러면 독자들은 인생의 진정한 부를 찾기 위한 소년의 여정이 시작되었다는 것을 알게 될 것이다.

어머니의 기도 제목은 많았다. 여느 좋은 어머니들처럼 어머니

---

[1] Buffalo Bill. 1846~1917. 본명 W.F. Cody. 미국 서부 개척사의 전설적 인물

또한 아들이 착하다고 생각하셨다. 그러나 어머니는 아들이 나쁜 친구들과 어울렸기 때문에 걱정이 많으셨다. 특히 아들이 담배 피우는 것 때문에 걱정이 많으셨다.

담뱃값이 비싸서 담배를 구할 수 없을 때면 나는 담배 종이에 굵게 간 커피를 말아서 피우곤 했다. 한 친구와 나는 다른 애들이나 여자애들이 주위에 있을 때만 담배를 피웠다. 아마도 담배는 나를 우쭐하게 만들어주었던 것 같다. 아이들이 놀라는 표정을 지을 때면 특히 재미있었다. 집에 손님이 있으면 담배를 피우며 스스로 남자라는 것을 과시하곤 했다. 나름대로의 행동방식이었지만 좋은 것은 아니었다.

잘못된 방향으로 나아가기 시작한 다른 아이들처럼, 나도 꾀를 부려 학교를 자주 빼먹었다. 아마도 그건 내가 속한 집단에서 내가 다른 아이들과 다르다는 것을 보이기 위한 방법이었던 것 같다. 그러나 그렇게 재미있지는 않았다. 어느 순간 죄책감마저 느꼈다. 그렇다고 내가 말썽만 피운 것은 아니었다. 간혹 착한 일도 한 가지씩 했는데 저녁에 어머니와 이야기를 나눌 때 그날 있었던 일들을 어머니에게 솔직하게 얘기했다.

아들을 바른 길로 인도해 달라는 어머니의 기도는 응답을 받았다. 어머니는 일리노이에 있는 스폴딩 기숙학교에 나를 입학시켰다. 그곳에서 절대로 실패하지 않는 성공시스템의 세 가지 요소들이 있는 유익한 환경을 접하게 되었다.

자신의 발전을 위한 행동에 필요한 자극을 키워나갈 때 종교적인 학교보다 더 나은 곳이 어디 있겠는가? 그리고 자신의 일생을 교회에 헌신하고, 다른 사람들의 영혼을 구원하기 위해 자신의 영혼을 정화하려고 애쓰는 사람들보다 인품을 가르치는 데 필요한 지식과 노하우를 더 많이 알고 있는 사람이 어디 있겠는가? 몇 주, 몇 달이 지나고 몇 년이 지나면서 내가 존경하고 사랑하는 목사님처럼 되겠다는 야망을 마음속에 간직하고 키워나갔다.

그러는 중에도 어머니가 몹시 그리웠다. 집에서 멀리 떨어져 사립학교에 다니고 있는 소년들과 마찬가지로 나도 향수병을 앓고 있었다. 그리고 그들처럼 어머니를 보러갈 때나 편지를 쓸 때마다 집으로 가게 해달라고 사정했다.

기숙학교에서 두 해째를 보내던 어느 날, 어머니는 내가 준비가 되었다고 생각했는지 아니면 아들을 곁에 두고 싶은 모성애가 작용했는지 어머니 곁으로 돌아갈 수 있었다. 그러나 새로운 환경에 적응하는 데 문제가 있을 수 있지만, 어머니가 필요하다면 언제든지 나를 기숙학교로 되돌려보낼 수 있다는 것을 알고 있었다. 나는 준비가 되어 있었고, 어머니도 마찬가지였다.

상승세를 타다

어머니는 어릴 적에 바느질을 배웠는데 적극적이고 재능이 있으며 섬세했기 때문에 곧 바느질에 능숙해졌다. 내가 기숙학교에 입학한 지 얼마 지나지 않아 어머니는 가정과 일에 변화를 주는 것이 자신에게도 바람직하다고 생각했던 것 같다. 이제 어머니도 무언가를 할 수 있는 여건이 갖추어진 것이다. 어머니가 일하는 동안 나를 돌봐줄 베이비시터를 찾아야 하는 걱정을 할 필요가 없어졌기 때문이었다.

어머니는 딜런스라는 여성복 전문 수입 회사에 일자리를 얻었다. 채 2년이 되기도 전에 디자인, 시침질, 바느질 책임자가 되었다. 그리고 회사의 단골 고객들에게 뛰어난 디자이너이자 재봉사로 인정받았다. 어머니의 수입이 좋아져 보다 나은 지역에 아파트를 구할 수 있을 정도가 되었다.

우리 아파트에서 한 블록 떨어진 거리에 주인아줌마가 직접 요리를 해주는 하숙집이 있어서 나는 거기에서 식사를 했다. 쇠고기 스튜, 구운 콩, 집에서 손수 구운 파이, 으깬 감자, 그레이비 등 식탁에 오르는 음식마다 맛이 훌륭해 하숙생들은 행복한 비명을 질렀다. 열한 살짜리 소년의 눈에는 그들이 세상에서 가장 재미있는 사람들이었다. 나는 그곳에서 유일한 아이였기 때문에 사람들은 나를 귀여워했다.

무한한 기회의 땅에서 성공할 기회를 잡은 수많은 사람들이 했던 것처럼 어머니 역시 돈을 모아 자신의 가게를 열었다. 디자이너와 재봉사로서 어머니의 명성이 고객들을 불러들였지만 어머니는 은행의 신용대출을 이용하는 노하우가 부족했다.

영업 자본이 부족하고 은행 신용대출을 적절하게 이용하지 못해서 어머니의 여성복 가게는 어머니와 2명의 직원이 일하는 것 이상으로 확장되지는 못했다. 자영업을 하는 사람들이 대부분 그렇듯 어머니 역시 재정적으로 어려움이 있었다.

그러나 그런 문제가 있기에 우리는 다양한 인생의 진정한 가치를 경험할 수 있다. 이를 테면 나눔의 기쁨 같은 것 말이다.

나는 신문을 배달해서 용돈을 벌었다(번 돈의 일부는 저축했다). 매일 밤 어머니는 나에게 무슨 어려움이 있으면 말하라고 했지만, 정작 어머니 자신의 문제는 나에게 이야기한 적이 없었다. 아직은 어렸으니까. 그러나 어느 정도는 감지하고 있었다.

어느 날 아침, 어머니의 얼굴에 근심이 가득 차 있었다. 그날 어머니가 귀가하기 전에 나로서는 상당한 금액의 돈을 인출하여 예쁜 장미꽃 12송이를 사드렸다.

그날 어머니가 크게 기뻐하는 것을 보고 주는 것에 대한 진정한 기쁨을 깨달았다. 몇 년이 지나도록 어머니는 그 12송이 장미가 얼마나 예뻤는지, 그리고 당신이 얼마나 기뻤는지 친구들에게 몇 번이고 자랑스럽게 이야기하곤 했다. 나는 그때의 경험으로 돈이 좋은 것임을 깨달았다. 돈이 있으면 좋은 일을 할 수 있기 때문이다.

1월 6일은 언제나 중요한 날이었다. 어머니의 생일이기 때문이다. 어느 해 1월 6일, 몇몇 이유 때문에 – 아마도 크리스마스 선물을 샀기 때문이었던 것 같은데 – 은행 계좌에 1달러도 없어서 걱정이 되었다. 어머니에게 생일 선물을 사드리고 싶었기 때문이었다.

그날 아침 나는 하느님의 인도를 갈구하며 기도했다. 점심 무렵 학교에서 집으로 힘없이 걸어가고 있었다. 나는 갑자기 멈춰 서서 뒤를 돌아보았다. 누군가 나에게 뒤로 가서 자세히 살펴보라고 말하는 것 같았다. 나는 뒤로 걸어가 구겨진 녹색 종이를 집어들었고 그것이 10달러짜리 지폐라는 것을 안 순간 깜짝 놀랐다!

뛸 듯이 기뻤지만 선물은 사지 않기로 했다. 더 좋은 계획이 생각났기 때문이었다. 어머니는 점심 준비를 위해 집에 있었는데 식탁을 청소하기 위해 쟁반을 집어 올리는 순간, 아들이 쓴 생일 카드와 10달러짜리 지폐를 발견했다. 어머니는 선물을 무척 기뻐하였다. 왜냐하면 모든 사람들이 자신의 생일을 잊었다고 생각했기 때문이었다. 이때 나는 다시 한 번 주는 즐거움을 맛보았다.

결정은 행동이 뒤따라야 의미가 있다

이런 개인적인 경험에 비추어보면, 아이든 어른이든 주어진 상황에서 어떤 결정을 내릴 때마다 이후의 인생에 커다란 영향을 미치는 사고방식이 만들어지는 것 같다. 따라서 어른이 된 후에 내리는 결정은 과거의 경험을 토대로 한 것이기에 어리석은 결정이 될 수도 있고 옳은 결정이 될 수도 있다.

잘 익은 씨를 심으면 좋은 열매를 맺고 설익은 씨를 심으면 좋지 못한 열매를 맺는다. 이 말은 결정을 내리는 데에도 그대로 적용된다. 좋은 결정은 좋은 결과를 도출할 가능성이 높기 때문이다.

그러나 좋은 결정을 내린 후에는 반드시 행동이 뒤따라야 한다. 행동하지 않으면 좋은 결정은 의미가 없다. 소망은 실현시키고자 열심히 시도하지 않으면 시들어버릴 수 있기 때문이다. 그렇기 때문에 좋은 결정을 내리면 곧바로 실천에 옮겨야 한다.

무엇에 뛰어들었다면 이루기 전에는 돌아오지 마라

내가 열두 살이었을 때, 이웃집 형이 보이스카우트 모임에 초대하였다. 모임에 가보고 너무 재미있어서 형이 소속된 23분대에 가입했다. 23분대의 보이스카우트 단장은 스튜어트 P. 월시라는 시카고 대학교 학생이었다.

나는 그를 절대로 잊을 수 없다. 그는 인격이 바른 사람이었다. 그는 자신의 분대에 있는 모든 대원들이 단시간 내에 1급 스카우트 대원이 되기를 바랐고, 소년들 개개인의 마음에 23분대를 시카고 최고의 분대로 만들겠다는 생각을 심어주었다. 아마도 그것이 23분대가 시카고 최고의 분대가 될 수 있었던 이유 중의 하나일 것이다. 또 다른 이유는 '기대하는 결과를 얻으려면 면밀히 살펴라'는 그의 신념에 찬 가르침 때문이었다.

23분대의 모든 스카우트 대원들은 일주일 동안 했던 선행들을 일별로 기록하여 주간 보고서를 작성했다. 다른 누군가에게 아무 보상을 바라지 않고 어떤 식으로든 도움을 주었던 일을 적는 것이었다. 그 주간 보고서 때문에 소년들은 선행할 기회를 열심히 찾아다녔고 그래서 기회를 얻을 수 있었다.

월시는 23분대 각 대원의 기억 속에 절대로 잊을 수 없도록 스카우트 규율들을 마음 깊이 새겨놓았다.

'스카우트 대원은 믿을 수 있고, 충실하고, 타인을 기꺼이 도우며, 예의 바르고, 친절하고, 공손하고, 활발하고, 검소하고, 용감하고, 청결하고, 겸손하다.'

그러나 더 중요한 것은 그가 각 대원이 규율을 하나하나 이해하고 지키고 이용하는 법을 아는지 세심하게 살핀 것이다. 그는 규율을 앵무새처럼 외우는 데 그치지 않고 실천하도록 이끌었다. 지금도 내 귓가에는 그가 했던 말이 들리는 듯하다.

"무엇에 뛰어들었다면 이루기 전에는 돌아오지 마라!"

다음 장에는 나의 옛 스카우트 대장이 가르쳐준 규율이 어떻게 내 마음 깊숙이 스며들었으며, 처음에는 인식을 못하였지만 어떻게 절대로 실패하지 않는 성공으로 가는 전략이 되었는지 설명한다.

이 장의 처음에 나왔던 여섯 살짜리 신문팔이 소년은 아직 자신이 어디로 가고 있는지 깨닫지 못했다. 그러나 소년은 곧 자신의 길을 찾아갈 것이다.

성공 능력을 키우는 지렛대의 원리

성공은 아래의 세 조건에 의해 결정된다. 아래에 적힌 말의 의미를 진정으로 이해한다면 여러분은 황금빛 미래를 향한 첫 발을 잘 내딛는 셈이다. 그러나 제대로 이해하지 못했다고 걱정할 필요는 없다. 이 책을 계속 읽으면 아래 조건의 의미를 이해하게 될 것이다. 그러나 마음을 열고 진정으로 원해야 찾을 수 있다.

1. 행동에 필요한 자극(동기부여)
2. 노하우
3. 행동지침

| 제2장 | **내일을 위한 준비**

  중학교를 졸업하던 즈음에 중요한 교훈 하나를 배우게 되었는데 그것은 내 인생의 중요한 원칙 중의 하나가 되었다.
  '사람은 주위 환경에 따라 달라진다. 그러므로 자신이 원하는 목표를 향하여 자신을 가장 잘 키워줄 수 있는 환경을 선택하라.'
  그때는 위 문장처럼 생각을 간단명료하게 표현할 수 없었지만, 이면에 있는 원칙은 정확하게 인식하고 있었다.
  고등학교에 입학할 때가 되자 학교를 선택해야 했다. 나는 센 고등학교가 레이크뷰 고등학교보다 더 좋은 학교라고 생각했다. 그러나 지금 사는 아파트에서 계속 산다면 레이크뷰 고등학교에 진학할 수밖에 없었다. 때마침 어머니 사업에 변화가 있어서 어머니는 디트로이트로 이사하고 아들은 원하는 고등학교로 진학시키기 위해 센 지역에 사는 어느 영국인 가족과 계약하여 그 집에서 살게 해주었다.
  학교에 입학하자 나는 새로운 학교에 같이 다닐 친구들을 골라야겠다고 마음먹었다. 친구들을 고를 적에 인품이 바르고 지적인 친구들을 찾았다. 열심히 찾았기 때문에 내가 원하는 친구들을 발견할 수 있었다. 그들은 나에게 좋은 영향을 많이 주었던 건전하고 훌륭한 친구들이었다.

지불한 만큼 대가를 얻어라

내가 훌륭한 가정환경에서 좋은 공립학교를 다니고 있는 동안, 어머니는 미시건 주 디트로이트에 있는 어느 미국 손해보험회사의 대리점에 투자했다.

나는 그때 일을 결코 잊지 못할 것이다. 어머니는 다이아몬드 2개를 전당포에 잡힌 돈에 가지고 있던 돈을 보태어 그 대리점을 인수했다. 앞서 말했듯이 어머니는 은행의 신용대출을 이용하는 방법을 잘 알지 못했다.

어머니는 도심의 어느 빌딩에 책상을 놓을 만한 공간을 마련하고 첫날의 세일즈를 고대하고 있었다. 첫날, 어머니는 열심히 일했지만 한 건도 계약하지 못했다. 그렇지만 다행스런 일이었다! 왜일까?

모든 일이 틀어지기만 할 때 당신은 무엇을 하는가?

아무리 찾아도 의지할 데가 없다면 당신은 어떻게 하는가?

심각한 문제에 부딪히게 될 때 당신은 무엇을 하는가?

어머니는 나중에 그녀가 취했던 방법을 나에게 말해 주었다.

"나는 절박했단다. 가지고 있던 돈을 모두 투자했기에 투자한 대가만큼 거두어들여야 했지. 최선을 다했지만 첫날은 한 건도 팔지 못했단다. 그날 밤 하느님께 나의 길을 인도해 달라고 기도했지. 다음 날 아침에도 인도를 갈구했지. 집을 나와 디트로이트에서 가장 큰 은행으로 가서 은행 출납원에게 보험증권을 하나 팔고 근무시간 동안 은행에서 영업할 수 있도록 허락을 얻어냈단다. 그 어떤 장애물도 밀쳐낼 수 있을 것 같은 매우 강력한 추진력이 내 안에 있는 것 같았지. 그날 나는 44건의 보험을 팔았단다."

어머니는 시행착오를 겪은 첫째 날, 불만족에서 오는 자극이 있었고 그것이 '행동에 필요한 자극'이 되었다. 어머니는 하느님께 아들이 올바른 길로 갈 수 있도록 인도하여 주시고 도와달라고 항상 기도했던 것처럼 앞길을 인도해 달라고, 먹고 살려고 발버둥치는 노력에 도움의 손길을 뻗어달라고 간절하게 기도했다.

어머니는 큰 성공을 거둔 둘째 날, 손해보험증권을 파는 노하우를 습득하여 점차 성공적인 세일즈 전략으로 발전시켰다. 이제 어머니는 행동에 필요한 자극에 더하여 노하우와 행동지침까지 갖추게 되었다. 그러자 발전 속도가 더욱 빨라졌다.

다른 사람들도 마찬가지겠지만, 많은 세일즈맨들이 상승세를 타는 데 실패한다. 성공할 때 활용했던 원칙들을 하나의 공식으로 만들지 못하기 때문이다.

어머니는 직접 고객을 상대하여 상당히 많은 돈을 벌게 되자 세일즈 조직을 만들어 '리버티 레지스트리 컴퍼니'라는 상호를 달고 미시건 주 전역에서 영업을 시작하였다.

어머니와 나는 휴일과 방학 기간에 만나곤 했다. 나는 고등학교의 두 번째 여름방학을 디트로이트에서 보냈다. 이때 어머니에게 손해보험증권 파는 일을 배웠고, 그때부터 나만의 세일즈 전략, 즉 절대로 실패하지 않는 전략을 연구하기 시작했다.

시간은 줄이고 성과는 두 배로

리버티 레지스트리 컴퍼니 사무실은 프리 프레스 빌딩 안에 있었다. 나는 다음 날 영업할 보험증권을 공부하며 사무실에서 하루를 보냈다. 당시 나의 세일즈 지침은 다음과 같았다.

1. 다임 뱅크 빌딩을 철저하게 조사한다.
2. 맨 위층에서 시작하여 모든 사무실을 일일이 방문한다.
3. 빌딩의 관리 사무실은 들르지 않는다.
4. 첫마디는 "잠깐 시간 좀 내주실 수 있습니까?"로 시작한다.
5. 만나는 모든 사람에게 세일즈를 시도한다.

나는 세일즈 지침을 충실하게 따랐다. 내가 보이스카우트였을 때 '무언가에 뛰어들었다면 이루기 전에는 돌아오지 마라'는 교훈을 배웠다는 점을 기억하라.

두렵지 않았냐고? 당연히 몹시 두려웠다. 그렇다고 지침을 어기지는 않았다. 그때는 지침을 따라 기계적으로 움직였는데 다행스럽게도 내게는 좋은 습관이었다.

첫째 날, 나는 2건의 보험을 팔았다. 둘째 날에는 4건을 팔았다.

100% 성장이었다. 셋째 날은 6건을 팔았다. 50% 증가였다. 그리고 넷째 날 어느 사무실에서 중요한 교훈을 얻었다.

어느 대형 부동산 회사에 들렀다. 그리고 판매부장 책상 앞으로 가서 늘 하던 대로 첫마디를 시작했다.

"잠깐 시간 좀 내주실 수 있습니까?"

다음 순간 깜짝 놀랐다. 판매부장이 벌떡 일어서더니 주먹으로 책상을 치며 고함에 가까운 소리를 질렀기 때문이다.

"이봐, 젊은이. 앞으로는 절대로 사람들에게 시간을 달라고 부탁하지 말게! 그냥 뺏어!"

그렇게 해서 그날 그의 시간을 빼앗아 그와 부하직원 26명에게 보험을 팔았다. 그 사건 이후 이런 생각을 하게 되었다.

'매일 보험을 잘 팔 수 있는 과학적인 방법이 분명히 있을 거야. 한 시간을 들여 몇 시간 동안 해낸 만큼의 성과를 가져올 방법이 분명히 있을 거야. 시간은 반만 들이고 판매는 두 배로 올리는 전략이 왜 없겠어? 매 시간의 노력으로 최대의 결과를 가져오는 공식을 만들지 못할 이유가 없지.'

그때부터 꾸준히 원칙을 찾아내려고 의식적으로 노력하였고 찾아낸 원칙들은 절대로 실패하지 않는 나만의 세일즈 전략이 되었다. 나는 논리적으로 추론했다.

'성공은 하나의 공식으로 집약해서 표현할 수 있다. 그리고 실패 역시 공식으로 요약할 수 있다. 하나는 적용하고 다른 하나는 피해야 한다. 공식을 만들어야 한다.'

당신이 어떤 사람이든 좋은 세일즈 기술을 배워두는 것은 바람직하다. 세일즈는 다른 사람이 당신의 서비스나 상품, 아이디어를 받아들이도록 설득하는 것이기 때문이다. 이런 의미에서 보면 모든 사람은 세일즈맨이다. 당신의 직업이 세일즈맨이든 아니든, 내가 말하고자 하는 세일즈 전략의 미세한 세부사항들은 그렇게 중요하지 않다. 그러나 원칙들은 중요할 수 있다. 만약 당신이 받아들일 준비가 되어 있다면.

중요한 것은 당신이 관심을 갖고 활동하는 분야에서 성공과 실패를 경험하며 배운 원칙들을 하나의 공식으로 압축하는 것이다. 되도록이면 기록해 두는 것이 좋다. 그러나 당신은 읽고 듣고 경험한 것들로부터 원칙을 이끌어내는 방법을 모를 수 있다. 그래서 어떻게 원칙을 추출할 수 있는지 이야기하려고 한다.

부끄러움과 두려움을 극복한 방법

10대 소년이 보험을 팔려고 닫혀 있는 문을 열어젖히고 사무실로 들어갈 때의 부끄러움과 두려움을 어떻게 극복했는지 설명하기 전에, 먼저 내가 어릴 때 그와 같은 문제에 어떻게 대처했는지 이야기하고 싶다.

내가 어렸을 때 수줍음과 두려움이 많았다고 하면 많은 사람들이 믿을 수 없다고 말한다. 사람은 새로운 것을 경험할 때나 새로운 환경에 처할 때 어느 정도 두려움을 느끼는데 이것은 자연스런 일이다. 아이와 여자는 남자보다 두려움을 더 크게 느낀다. 이것 역시 연약한 아이와 여자를 위험에서 보호하려는 자연의 방식이다.

내 기억에 나는 어릴 적에 너무 소심해서 집에 손님이 오면 방으로 들어가거나, 폭풍우가 몰아치면 침대 밑에 숨곤 했다. 그러던 어느 날 '만약 번개가 칠 때 내가 침대 밑에 있든 밖에 있든 위험하기는 마찬가지일 거야'라는 생각이 들자 두려움과 싸워 이기기로 마음먹었다.

번개가 치던 어느 날 저녁 드디어 기회가 왔다. 난 그 기회를 이용하기로 했다. 두려움을 참으며 창가로 다가가 번개를 바라보았다. 그러자 놀라운 일이 일어났다. 나는 어느새 하늘을 가로질러 번쩍거리는 번개의 아름다움을 즐기고 있었던 것이다. 오늘날 나보다 더 천둥과 번개를 좋아하는 사람도 없을 것이다.

다임 뱅크 빌딩의 사무실들을 일일이 방문했지만 문을 여는 두려움은 쉽게 극복할 수 없었다. 특히 문 안쪽에 무엇이 있는지 보이지 않을 때는 두려움이 더 컸다(유리문들은 대부분 반투명이거나 안쪽에 커튼이 있었다). 나 자신을 억지로 안으로 밀어넣을 방법이 필요했다. 궁하면 통한다고 얼마 후 노력의 결과물을 찾을 수 있었다.

'성공은 도전하는 자가 쟁취한다. 도전해서 잃을 것보다 얻을 것이 많다면 도전해야 한다!'

이렇게 생각하면 조금은 용기가 나기도 했지만 여전히 두려웠다. 행동으로 옮겨야 하는 난관이 남아 있었기 때문이다. 다행히 '즉시 행동하라!'는 생각이 뇌리를 스쳐갔다.

몸에 밴 바른 습관의 가치와 나쁜 습관으로부터 발생하는 폐해를 이미 배웠던 나는, 강제로 나 자신을 움직여 한 사무실에서 나오자마자 즉시 다음 사무실로 밀고 들어가야 한다는 생각이 들었다. 망설이는 마음이 생기면 즉시 행동하라는 자동 발진기를 작동시키고 바로 행동으로 옮겼다.

수줍음과 두려움을 누그러뜨리는 방법

　사무실 안에 들어가서도 마음이 편치 않았다. 그러나 처음 보는 사람과 이야기하는 두려움을 누그러뜨리는 방법을 곧 익혔다. 방법은 목소리를 조절하는 것이었다.
　크고 빠르게 말하고, 글로 옮겨놓으면 마침표나 쉼표가 있는 지점에서 잠깐 쉬고, 말하는 동안 미소를 짓고 어조를 조절하면 더 이상 가슴 졸이지 않게 된다는 것을 알아냈다. 나중에야 이 기술이 매우 타당한 심리학적 원칙을 바탕으로 한다는 것을 알게 되었다. 두려움 같은 감정은 즉각적으로 이성의 지배를 받지는 않지만 행동의 지배는 받는다. 바람직하지 않은 감정을 생각으로 누그러뜨릴 수 없을 때 행동을 하게 되면 그런 감정을 바꿀 수 있다.
　부동산 사무실의 판매부장은 "잠깐 시간 좀 내주실 수 있습니까?"라는 말로 대화를 시작하는 것을 좋아하지 않았다. 게다가 내가 그렇게 말을 시작하면 많은 사람들이 "아니오"라고 대답했다. 그래서 그 말을 다시는 하지 않기로 하고 대신 실험을 통하여 얻은 새로운 말을 지금까지 사용하고 있다.
　"선생님께서도 여기에 관심이 있으실 겁니다."

이렇게 말하면 "아니오"라고 말하는 대신 대부분 "그게 뭔데요?"라고 묻는다. 그러면 세일즈 대화를 시작하였다. 세일즈를 시작할 때 처음 꺼내는 말의 목적은 단지 그 사람으로 하여금 귀를 기울이게 만드는 것뿐이다.

멈춰야 할 때를 알아야 한다

"만나는 모든 사람에게 세일즈를 시도한다."

이것은 어머니가 나에게 가르쳐준 지침의 하나였다. 그래서 나는 고객이 될 만한 사람이면 오래 붙잡았다. 가끔은 고객을 지치게도 했지만 사무실을 떠날 때면 나 역시 지쳐 있었다. 나는 적은 비용으로 세일즈하려면 시간당 세일즈 평균 건수를 올리는 것이 절대로 필요하다고 생각했다. 한 사무실에서 27건의 보험을 파는 일은 매일 일어나지 않기 때문이다.

그래서 미리 정해 놓은 제한 시간보다 세일즈 시간이 길어질 경우에는 보험을 팔겠다는 생각은 하지 않기로 했다. 그 대신 예비 고객에게 재미있는 말을 들려준 다음 자리를 뜨곤 했다. 좀 더 시간을 끌면 세일즈가 성공하리라는 생각이 들 때에도 마찬가지였다.

놀라운 일이 일어났다. 일일 평균 세일즈 건수가 엄청나게 늘어난 것이다. 어떤 예비 고객들은 자기를 설득할 것이라고 생각했던 내가 훌훌 자리를 털고 일어나자, 세일즈하는 옆 사무실까지 와서 이렇게 말하기도 했다.

"어떻게 그러실 수 있습니까? 다른 보험설계사들은 모두 고객에게 매달립니다. 제 사무실에 가서 계약서 씁시다."

그러다 보니, 한두 번의 세일즈 시도에 지치는 것이 아니라 오히려 다음 예비 고객에게 세일즈 프레젠테이션을 할 열정과 에너지를 얻게 되었다. 내가 배운 원칙들은 간단하다.

'피곤해지면 최선을 다해 일할 수 없다. 따라서 에너지 수치가 너무 낮아져 배터리가 완전히 고갈되게 하지 마라. 휴식을 취해서 충전이 되어야 신경계의 활동성이 상승한다.'

어떤 일이든 사람이 하는 일의 성공 공식을 보면 시간이 가장 중요한 요소이다. 시간을 절약하라. 시간을 현명하게 투자하라.

고객이 내 말에 귀 기울이게 만드는 방법

"고객과 이야기할 때 상대의 눈을 봐라."

어릴 적에 그렇게 배웠다. 그러나 영업할 때 상대의 눈을 똑바로 쳐다보면 사람들은 대개 머리를 흔들며 '아니요'라는 의사표시를 했다. 그리고 내 말을 자르는 경우가 많았는데 그런 것이 싫었다. 그러다 보니 쭈빗쭈빗거리게 되었는데 곧 이런 일을 피할 수 있는 간단한 기술을 생각해 냈다.

내가 보여주는 것과 말하는 것에 고객의 시각과 청각이 집중하게 만드는 기술이었다. 나는 세일즈 대화를 할 때 보험증권이나 영업용 인쇄물을 가리키며 그것을 바라보았다. 그러면 고객도 자연스럽게 같은 곳을 보았다. 고객이 머리를 흔들며 '아니요'라고 의사표현을 하더라도 신경 쓰지 않았다. '아니요'라고 의사표현한 후에도 고객은 종종 관심을 보였고, 그 후에 세일즈를 마무리 지었다.

이기기 위해 노력하라

우리는 게임이나 스포츠를 할 때 규칙에 따라 시합한다. 그러나 어쨌든 시합의 목적은 이기는 것이다. 그것은 세일즈라는 경기에서도 마찬가지이다.

대부분이 그렇듯 세일즈도 전문가가 되면 즐길 수 있게 된다. 전문가가 되려면 열심히 또 열심히 해야 한다. 그리고 무슨 일을 하든지 한 분야의 전문가가 되기 위해서는 시도하고, 또 시도하고, 계속 시도하는 것이 가장 중요하다. 더불어 제대로 일하는 습관이 자리 잡아야 전문가가 된다. 그러면 일에서 즐거움을 느낄 수 있고, 일이 더 이상 일로 느껴지지 않는다. 점점 재미가 붙는다.

나는 세일즈 기술을 향상시키려고 노력하면서 매일 그리고 아주 열심히 일했다. 행동을 유발하는 말, 즉 예비 고객의 마음속에서 내가 원하는 반응이 나오게 할 수 있는 단어나 구절을 찾았다. 내가 원하는 반응이란 고객과 적당히 짧은 시간 내에 계약하는 것을 의미한다. 나에게 시간은 돈이기 때문이었다.

적절한 반응을 이끌어내기 위해 적절한 말을 적절한 방식으로 하고 싶었다. 그러기 위해서 연습이 필요했고 연습은 곧 실전이었다.

모든 일에는 시작과 끝이 있다. 소개말은 세일즈 프레젠테이션의 시작이다. 어떻게 하면 짧은 시간 내에 고객을 즐겁게 해주면서 상품을 팔 수 있을까?

그 방법을 열심히 찾았다. 고객이 상품을 사주기 원한다면, 사달라고 요청하라. 요청한 후 고객이 "예"라고 말할 기회를 주어라. 그러나 그가 "예"라고 말하기는 쉽게, "아니요"라고 말하기는 어렵게 만들어라. 교묘한 기술을 발휘하여 눈치채지 못하게 즐겁고 효과적인 거래가 되도록 하라.

다른 사람이 "예"라고 말하게 하고 싶다면, 긍정적으로 말한 다음 동의를 구하는 질문을 하라. 그러면 사람들은 거의 반사적으로 "예"라고 반응한다.

예를 들어보자.

긍정적인 표현	날씨가 참 좋군요.
동의를 구하는 질문	그렇지 않습니까?
대답	예, 그렇군요.

1. 어머니는 아이가 토요일 아침에 1시간 동안 피아노 연습을 했으면 한다. 그러나 아이가 놀러 나가고 싶어 하는 것을 눈치챘을 때 다음과 같이 말할 수 있다.

긍정적인 표현	네가 지금 1시간 동안 피아노 연습을 하면 그다음엔 하루 종일 놀 수 있어.
동의를 구하는 질문	엄마 말이 맞지?
대답	예.

2. 여점원이 고객에게 레이스가 달린 손수건을 권할 때 하는 말.

긍정적인 표현	이 손수건 정말 예쁘지요. 가격도 적당합니다.
동의를 구하는 질문	그렇게 생각하지 않으세요?
대답	그렇군요.
동의를 구하는 질문	그러시면 선물용으로 하나 포장해 드릴까요?
대답	예.

3. 내가 찾아낸 효과적인 마무리는 아주 간단하다.

긍정적인 표현	그래서 괜찮으시다면, 제가 보험 계약서를 작성해 드리겠습니다. 제가 …
동의를 구하는 질문	제가 해도 되겠습니까?
대답	예.

이 글을 쓴 이유

내가 다임 뱅크 빌딩에서 겪은 경험들에 대한 이야기는 절대로 실패하지 않는 세일즈 전략을 개발하기 시작할 때 사용했던 기술들과 왜 그런 기술들을 사용했는지 이유를 알려준다. 나는 세일즈 프레젠테이션 과정의 매 단계에 필요한 지식을 찾기 위해 노력했다. 반복적인 행동을 통해서 노하우, 즉 특정 지식을 활용하는 경험을 습득하기 위해 자신을 훈련시켰다.

간단히 말해서, 나는 가능한 짧은 시간 내에 지속적으로 뛰어난 세일즈 성과를 가져올 공식을 만들고, 그 공식을 활용하는 습관을 만들겠다고 마음을 다잡고 있었다.

당시는 깨닫지 못했지만, 나는 실제로 내일을 준비하고 있었다. 몇 년 후, 내가 세운 전략이 모든 분야에서 지속적이고 성공적인 성취의 공통분모가 된다는 것을 알게 되었다.

당신에게 주는 의미

절대로 실패하지 않는 성공시스템을 이해하고 활용한다면 누구나 건강과 행복, 부를 모두 가질 수 있다. 그러나 지금까지 읽은 이야기와 설명에 나타나는 성공원칙들을 충분히 이해하지 못했을 수 있다. 그렇지만 성공에 필요한 세 가지 요소를 마음에 새기고 계속 읽으면 절대로 실패하지 않는 성공시스템을 분명히 찾을 수 있다.

1. 행동에 필요한 자극(동기부여)

바라기 때문에 자신 또는 다른 누군가에게 행동하도록 동기를 유발한다.

2. 노하우

꾸준히 결실을 맺게 하는 특별한 기법과 기술이다. 노하우는 지식을 적절하게 적용하는 것이다. 노하우는 실제 생활에서 반복적으로 체험하면 습관이 된다.

3. 행동지침

자신이 관여하고 있는 활동이나 서비스, 제품, 방법, 기법, 기술에 대한 지식이다.

지속적으로 성공하려면 내일에 대한 준비가 필요하다. 내일을 준비하려면, 스스로 이루는 사람 Self-builder이 되어야 한다.

성공 능력을 키우는 지렛대의 원리
1. 주위 환경이 당신의 미래를 좌우할 것이다. 그러므로 반드시 자신이 환경을 통제해야 한다. 자신에게 방해가 되는 상황, 지인, 직장 동료들을 피하라.
2. 성공은 시도하는 사람만이 쟁취한다. 얻을 것은 많지만 잃을 것이 없다면 무조건 시도하라.
3. 생각만으로는 두려움을 극복할 수 없지만 행동은 두려움을 극복하도록 만든다.
4. 잊지 마라. 행동으로 옮기기만 한다면 성공시스템은 제대로 작동할 것이다.

| 제3장 | **스스로 이루는 사람**

"도날드, 어디 일자리 구할 데 없을까?"
도날드 무어헤드는 머뭇거리다 웃음 띤 얼굴로 말했다.
"짐, 그럼 내일 8시 반까지 내 사무실로 와."
미국 상해보험회사 임원인 도날드는 월스트리트를 걷다가 우연히 친구를 만났다.
다음 날 짐이 그를 만나러 오자 도날드는 사람들에게 건강보험과 상해보험을 팔아서 쉽게 큰돈을 벌 수 있는 방법을 알려주었다.
"좋기는 한데 솔직히 겁나. 누구를 만나야 할지도 모르겠고, 그리고 난 이제껏 뭐 하나 팔아본 적이 없거든."
"그건 염려하지 마. 내가 어떻게 해야 하는지 말해 줄게. 네가 하루에 5명만 만나면 성공할 거라고 장담한다. 네가 나하고 약속만 한다면 매일 아침 5명의 명단도 줄게."
"뭘 약속하라는 거야?"
"내가 준 명단의 사람들을 그날 방문한다는 약속. 만약 필요하다면 내 이름을 써먹어도 돼. 그렇지만 내가 보냈다고 말하면 안 돼."

짐은 절실하게 일자리가 필요했으므로 적어도 시도는 해보라는 친구의 말에 필요한 책자와 설명서를 가지고 집으로 갔다. 그리고 며칠 후 도날드에게 5명의 명단을 받아서 새로운 일을 시작하였다.

마음먹기에 달렸다

"어제는 아주 짜릿한 날이었어."

짐은 어제 계약한 2건에 대한 보고서를 작성하면서 열변을 토하고 있었다. 둘째 날은 3명에게 보험을 팔 수 있어서 더 좋았다. 셋째 날 아침 그는 5명의 명단을 받고 의기양양하게 사무실을 나왔다. 그날은 특히 좋았다. 방문한 5명 중 4명에게 보험을 팔았다.

다음 날 아침, 짐이 영업보고서를 작성할 때 무어헤드는 중요한 회의를 하고 있었다. 응접실에서 15분 정도 기다리자 도날드가 사무실에서 나왔다.

"짐, 아주 중요한 모임이 있어서 오전 내내 바쁠 것 같은데… 우리 시간을 절약하는 게 어때? 앞으로는 자네가 전화번호부에서 5명을 골라봐. 사실 지난 3일 동안 그렇게 했어."

도날드는 전화번호부를 펼쳐 광고를 낸 회사를 무작위로 골라 회사의 사장 이름과 주소를 적었다.

"자, 이제 자네가 한 번 해봐."

그 말에 짐이 첫 번째 이름과 주소를 쓰자 도날드가 말했다.

"일의 성공 여부는 정신력에 달려 있다는 걸 명심해. 자네가 앞으로 성공하느냐 못하느냐는 내가 준 명단을 들고 방문했을 때와 같은 자세를 가질 수 있느냐에 전적으로 달렸다고 볼 수 있어."

훗날 큰 성공을 이룬 사람의 경력은 그렇게 시작되었다. 그는 성공은 자신의 마음에 달려 있다는 진리를 깨닫고 그 시스템을 발전시켰다. 그는 예비 고객들을 사무실에 붙잡아두기 위해 먼저 약속을 잡아야 한다는 노하우를 터득했는데 이는 경험에서 얻은 것이었다. 당신이 배워야 할 노하우도 경험을 통해서 배워야 한다.

역량을 파악하라

어떤 은행원에 관한 이야기가 있는데, 그는 한 번의 실수로 일자리를 잃었지만 자신의 역량을 파악하여 더 나은 직장을 잡았다고 한다. 이 이야기는 주기연구회[1] 회장이었던 에드워드 듀이[2]가 들려주었다.

친구인 마이크 코리간은 은행원이었습니다. 마이크는 자신이 좋아했던 어떤 고객을 전적으로 믿었어요. 그 고객에게 상당한 자금을 대출해 주었는데 그게 그만 잘못되고 말았습니다. 상사들이 볼 때 마이크가 오랫동안 근무한 경험에도 불구하고 바보 같은 결정을 했다고 생각한 겁니다. 결국 마이크는 해고되었고 한동안 실업자 신세를 면할 수 없었습니다. 나는 아직까지 그렇게 낙담한 사람을

---

1) The Foundation for the Study of Cycles : 1941년 미국에서 설립. 경제나 기타 분야의 주기를 연구하는 단체
2) Edward R. Dewey : 1895~1978. 미국의 경제학자. 평생 경제와 기타 분야의 주기 연구에 헌신

본 적이 없어요. 걸음걸이나 얼굴, 마구 자란 수염, 말투, 모든 것이 완전히 자포자기한 사람처럼 보였습니다. 그 친구에게는 부정적인 생각만 가득했지요.

몇 번인가 취직하려고 했지만 소용 없었습니다. 그의 몰골을 보면 그럴 수밖에 없었지요. 그를 돕고 싶어서 시드니와 메어리 에드룬드 부부가 쓴 『일을 골라서 내 것으로 만들어라Pick Your Job and Land It』라는 책을 선물했습니다.

에드룬드 부부는 직원을 채용하려는 사장에게 자신의 업무 경험을 잘 설명하여 상대에게 관심을 끌게 하는 방법을 알려줍니다. 나는 그 친구에게 말했지요.

"이 책을 다 읽고 꼭 나한테 와야 돼."

마이크는 책을 다 읽은 다음 날 나를 찾아왔습니다. 정말로 일자리가 필요했거든요.

"나 그 책 다 읽었어."

"그러면 이제 알았겠군. 그 책에 보면 자기의 장점을 나열하라고 했을 거야. 자네가 이전 고용주에게 돈을 벌어주려고 해왔던 모든 일을 적어보게."

그리고 그에게 다음과 같은 몇 가지를 물어보았습니다.

1. 자네가 지점장으로 있을 때 은행 이익이 매년 얼마나 증가하였나? 다시 말해서 자네의 어떤 특별한 활동으로 이익이 늘었지?
2. 자네의 관리 덕분에 낭비 요소를 제거함으로써 생산성이 올라가

은행의 비용이 얼마나 절약되었나?

마이크는 영리하고 눈치가 빠른 친구라 내 말을 알아들었습니다. 그날 저녁 그가 우리 집에 왔습니다. 저는 그의 변한 모습을 보고 깜짝 놀랐습니다. 완전 새사람이 되어 있었어요. 진지한 미소, 힘이 있으면서도 친근감이 느껴지는 악수, 자신에 찬 목소리, 이런 모든 것이 바로 그가 곧 성공할 수 있다는 것을 보여주고 있었지요.

나를 더욱 놀라게 한 것은 여러 쪽에 걸쳐 쓴 자기의 자산 목록이었습니다. 그는 이전 회사에 기여한 공로를 대강 설명한 다음 '나의 진정한 자산'이라는 특별 목록을 만들었습니다.

듀이가 마이크 코리간의 자산 목록을 나열할 때 나는 한마디 하지 않을 수 없었다.

"마이크 코리간은 스스로 이루는 사람이 되는 데 꼭 필요한 요소를 깨달았군요!"

'인생의 진정한 자산'이라는 제목의 장을 읽어보면 내 말을 쉽게 이해할 것이다. 듀이는 이야기를 계속 이어갔다.

그의 진정한 자산 중에는 아래와 같은 것들이 있었어요.
- 이 세상의 전부나 마찬가지인 훌륭한 아내
- 인생에 기쁨과 행복과 빛을 가져다준 외동딸
- 건강한 정신과 신체

- 많은 좋은 친구들
- 종교적인 신념과 영적인 힘을 주는 교회
- 실력을 펼칠 수 있는 나라에 사는 특권
- 대출상환을 마친 집과 자동차
- 통장에 있는 몇천 달러의 잔고
- 젊음
- 아는 사람들로부터 받는 존경 등등

마이크와 함께했던 그날 밤은 아주 재미있었습니다. 사실 그 친구가 하도 열정적이어서 나마저도 그렇게 되더군요. 내가 사장이라면 마이크 같은 사람을 고용해야 한다고 생각했습니다. 그 후 마이크에 대한 생각이 머리에서 좀처럼 떠나지 않았습니다. 이틀 후 저녁 무렵, 전화벨이 울렸을 때 마이크라는 것을 직감했습니다.

"고맙네, 친구. 나 취직했어."

그는 아주 기쁘게 소리를 질렀지요. 마이크는 정말 좋은 직장에 취직했습니다. 큰 병원의 회계 담당자가 되었지요.

그는 **시간기록부** Time Recorder를 만들어 스스로 이루는 사람이 되었다. 그렇다고 자신의 장점을 찾기 위해 일부러 실직할 필요는 없다. 자아성찰을 하는 사람들은 대개 자신을 개선하려고 노력하고 그것을 이루는 사람들이다.

시카고에 있는 오하이오 전국 생명보험회사의 대표 조지 세브란스가 그런 사람이다. 그는 시간기록부를 만들어 수많은 목표를 성공적으로 성취하는 데 활용했던 사람이다. 그가 사용했던 원칙은 자신만의 시간기록부를 만들어서 그대로 따르려는 노력을 아끼지 않는 사람이라면 누구나 활용할 수 있다.

자신만의 시간기록부를 만들고, 18장에 자세히 나와 있는 대로 매일 활용한다면 당신도 세브란스처럼 스스로 이루는 사람이 될 수 있다.

세브란스의 테크닉을 활용하면 마음의 평화와 행복을 얻고, 시간과 돈을 낭비하지 않고 부를 얻으며, 나쁜 습관을 버리고 좋은 습관을 얻을 수 있다. 날마다 활용하면 더 큰 성과를 이룰 수 있는 힘도 얻을 것이다.

세브란스는 보험을 팔려고 뒷문을 노크할 때 처음으로 세일즈의 즐거움을 알게 되었다고 한다. 그는 이렇게 말한다.

"나는 우리 동네 뒷문은 모두 두들겨보았다고 생각합니다. 사실 도시의 모든 구역을 한 차례 이상 돌면서 세일즈했습니다. 시간이 지나면서 세일즈 물량은 늘어났지요. 그러나 심각한 금전적 문제가 있다는 것을 알게 되었습니다. 수입보다 빚이 더 빠른 속도로 늘어났던 것입니다. 어느 날, 부채가 마치 벼락처럼 나를 내리쳤습니다. 파산 위기에 직면한 것입니다. 그때 어느 책에선가 읽은 말이 떠올랐습니다.

'만약 저축할 수 없다면 당신 안에 성공의 씨앗은 없다.'

나는 간절하게 성공을 바랐고 빚에서 벗어나고 싶었습니다. 나는 내 안에 성공의 씨앗이 있다고 생각했습니다. 그래서 무언가를 해야겠다고 결심했습니다."

만약 저축할 수 없다면 당신 안에 성공의 씨앗은 없다. 조지 세브란스는 이 문장을 통해 자신의 동기요인을 기억하고 거기에 반응을 보임으로써 도움을 받았다.

그래서 그에게 이렇게 물었다.

"성경 말고 당신에게 가장 중요한 역할을 한 책은 무엇인가요?"

"『초상화의 저자들과 원칙Authors of Portraits and Principles』이라는 자기계발서입니다."

책을 읽고서 그 안에 있는 철학적 요소를 찾는 것보다 더 중요한 것은 성공을 이루는 행동을 하는 것이다.

세브란스는 시간기록부가 있었기 때문에 생각하는 시간을 체계화하고, 확실한 목표를 세우며, 나아갈 올바른 길을 선택할 수 있는 자기만의 역량을 찾도록 스스로 도왔고, 행동할 수 있는 자극을 주었다면서 이렇게 말했다.

시간기록부를 만들어서 활용해 보니, 내가 친구들과 커피를 마시는 데 한 달에 32시간씩이나 낭비한다는 것을 알았을 때 정말 놀랐습니다. 32시간은 나흘을 일하는 것과 같으니 그럴 만도 했지요. 그리고 때때로 점심시간을 한 시간 넘게 사용한다는 것도 알게 되었습니다.

출장을 가면 한 지역에서 일하기보다는 토끼처럼 여기저기 아무 데나 뛰어다녔습니다. 예전에는 저녁 시간에 여러 군데 모임에 참가했습니다. 모임이 8시나 9시쯤 끝나면 카드를 하거나 시시한 잡담을 늘어놓으며 술 한 잔이라도 할라치면 자정을 넘기기 일쑤였죠. 그러나 지금은 집으로 가서 가족들과 저녁 시간을 보낸답니다. 잠을 충분히 자고, 책을 읽는 시간도 더 많아졌습니다.

과거에는 근무시간에 골프를 치거나 야구장에 가곤 했습니다. 일을 해도 모자란 판에 돈까지 써댔으니 잃어버린 수입이 얼마나 되었을지 생각만 해도 끔찍합니다. 때로는 근무시간에 집안의 사소한 일을 하기도 했습니다. 월급을 받는 사람으로서 당연히 회사의 이익을 위해 써야 할 시간에 말이지요.

되돌아보면 여러 면에서 근무시간 중에 사교적 성공을 거두었다고 할 수 있습니다. 그러나 시간기록부를 작성하다 깨달은 사실은 '일을 해야 할 시간에 사교적 성공을 거두었다면 그것은 사업의 실패' 라는 것이었습니다.

그래서 세브란스는 날마다 시간기록부를 작성했다. 회사의 상사들은 깜짝 놀랐는데 그가 시간기록부를 작성하면서부터 남들이 하기 어려운 일을 성취했기 때문이었다.

- 1년에 4백만 달러의 생명보험 판매
- 하루에 1백만 달러를 팔아 회사 신기록 수립
- 꾸준히 생명보험을 팔아 MDRT[1]의 종신회원이 됨.

---

1) Million dollar Round Table. 1백만 달러 원탁회의. 원탁의 회원자격은 보험을 판매하는 사람이라면 누구나 원하는 것이지만 상대적으로 적은 수의 사람들만이 될 수 있다.

세브란스는 당당하게 말했다.

"나는 빚을 갚기 시작했고, 빚을 다 갚자 저축을 시작했습니다. 6천 달러를 저축했을 때, 한 친구와 함께 어느 기업에 각각 6천 달러씩 투자했는데 1년도 되기 전에 각자 5만 달러의 이익을 얻었습니다. 이것으로 부를 쌓는 큰 걸음을 내디딘 겁니다."

조지 세브란스의 시간기록부를 들여다보고 싶다면, 그것을 어떻게 활용하는지 자세하게 알고 싶다면, 그리고 당신만의 시간기록부를 만들고 싶다면 18장에서 그런 기회를 만날 수 있을 것이다.

하지만 그런 습관을 들이려면 매일 자신의 역량을 자세히 찾아내는 의지력이 필요하다. 그리고 영감을 불러일으키는 자기계발서도 도움이 될 것이다.

의지의 힘

『초상화의 저자들과 원칙』과 여러 자기계발서들이 조지 세브란스에게 영감을 주었다면, 나는 『의지의 힘Power of Will』이라는 책의 도움을 받았다.

앞 장에서 다임 뱅크 빌딩에 있는 사무실들을 마구잡이로 쳐들어간 나의 경험담을 읽으면서 아마 당신은 어떻게 처음 직업 전선에 나선 10대 소년이 인간의 심리를 응용한 세일즈 기술을 발휘할 수 있었는지 의아해 할 수 있다. 그런 것은 분야에 상관없이 나이 많고 경험 많은 세일즈맨들도 쉽게 할 수 없는 일이기 때문이다.

하지만 10대라고 못하란 법은 없다. 고등학교 1학년 때 나는 문제가 있어서 프랭크 C. 해덕의 『의지의 힘』이란 책을 읽게 되었다. 우선 의지력을 기르고 싶었다. 게다가 나는 센 고등학교의 토론 클럽 회장이었는데, '의지는 자유로운 것인가?' 라는 주제를 놓고 토론을 했었다. 토론 준비를 위해서 『의지의 힘』은 그런 주제에 적합한 참고서였다.

토론이나 사람들 앞에서 연설하는 훈련은 자신에 대한 확신과 신뢰감을 주었다. 빠르고 설득력 있는 반박논리를 만들다 보니 일할 때도 효과적인 반박논리가 자연히 떠올랐다. 원칙은 같은 것이니까. 그것이 토론이든 일이든 논리적으로 생각하고 모든 표현에 신중하게 대처해서 당신에게 유리하게 만들어야 한다. 그럴려면 설득력이 있어야 한다.

나는 학교에서 왜 학생들에게 자기계발서를 읽도록 하지 않는지 의아하게 생각해 왔다. 청소년기는 진리와 개인적인 도움을 찾아야 하는 시기이다. 미국 헌법은 공립학교에서 종교를 가르치는 것은 금하고 있지만 헌법 어디를 봐도 직업에 대한 적절한 자세, 정직, 용기, 고결한 삶, 좋은 생각, 좋은 행동을 가르치지 말라는 조항은 없다.

영혼으로 가는 통로, 마음

많은 사람들이 종교의 영향을 받아 고결한 삶을 영위하기 위해 좋은 생각과 선한 행동을 하려고 한다. 종교의 도덕적 가르침은 성경이나 종교 서적에서 찾을 수 있다. 자아를 개선하려면 종교 철학이나 성경에서 찾을 수 있다. 자기 발전을 이루려면 종교적인 철학을 공부하고 성경으로 돌아가라. 성경은 다른 어떤 책보다 많은 사람들에게 영감을 준 자기계발서이다. 성경을 처음 읽을 때 거기에 나오는 원리를 제대로 이해하고 받아들일 노하우가 없더라도 용기를 내도록 하라. 노하우는 경험의 산물이기 때문이다.

나는 세일즈 관리자로 있으면서 다른 회사에서 실패한 사람들을 받아들인 다음, 동기를 부여하여 그들 스스로 괄목할 만한 성공을 이룰 수 있도록 기틀을 마련해 주었다. 스스로 이루기 원하는 사람은 보이지 않는 벽을 세우지 않고 육체적, 정신적, 도덕적 건강을 유지하기 위해 꾸준히 노력하면 자신의 목적을 달성할 수 있다.

보이지 않는 벽을 무너뜨려라

BC 3세기에 중국 최초의 황제인 진시황은 유명한 만리장성과 함께 '보이지 않는 벽'까지 두 개의 벽을 쌓았다.

만리장성에는 2만 5천 개의 감시탑이 있으며 총 길이는 4천km에 달한다. 만리장성은 오랜 동안 이민족들이 침입하는 것을 막았고 또한 세계에서 가장 오래된 문명의 선진 기술과 문화가 유출되는 것을 막았다.

BC 3세기경의 중국은 자급자족할 수 있었기 때문에 다른 세계를 필요로 하지 않았다. 그러나 다른 세계는 중국이 가진 인쇄술, 석탄의 사용, 물시계, 청동 제련, 화약, 천문 도구, 나침반, 약품, 향신료 등에 눈독을 들였다.

몇 세기가 지나면서 이민족들은 새로 습득한 영감, 노하우, 지식으로 그들의 문명을 발전시켜 진시황의 문명을 추월하였다. 그 결과 오늘날의 중국은 다른 나라에 비해 뒤처지고 말았다.

종교, 교육, 출판의 자유를 두려워하여 철의 장막을 친 여느 국가 지도자들처럼, 진시황은 자기의 사상·생각·철학과 맞지 않는 모든 서적을 불태워버림으로써 국가의 발전을 망쳐놓았다.

다른 사람들 눈에는 당신이 황제나 지도자처럼 보이지 않겠지만, 자신의 생각과 감정과 믿음을 조절하려고 노력하면 당신은 절대적 군주이다. 그리고 당신이 탐구하지 않는 서적은 파괴되거나 불태워진 것처럼 이용 가치가 없다.

이제 자신에게 질문할 시간이 왔다.

- 내가 만든 보이지 않는 벽은 무엇인가?
- 학교를 졸업한 후에 내가 품고 있던 것과 다른 생각, 개념 또는 철학에 심취한 적이 있는가?
- 우리 시대의 정치, 경제, 사회, 종교, 과학 및 다른 중요한 발전에 보조를 맞추고 있는가?
- 자기계발서를 읽을 때 저자가 나의 친구이며 오로지 나만을 위해 쓴 것처럼 읽는가?
- 앞으로 배워야 할 기본 원칙들을 이미 배웠는가?

스스로 이루는 사람이 되라

타인의 삶이 아닌 자신의 삶을 꾸려라. 자신과 전 인류에게 유익이 되게 하라. 당신 내부로부터 이루도록 하라. 그러나 외부로부터 도움을 얻어라. 절대로 실패하지 않는 당신만의 성공전략을 구하고 찾고 따름으로써 스스로 이룰 수 있다.

외부로부터 도움을 얻으려면 좋은 것을 찾을 수 있는 곳에서 시작하라. 이것은 안으로부터 시작된다. 사람, 장소, 사물, 지식, 관습, 믿음에 대한 올바른 정신 자세는 당신 것이 될 수도, 남의 것이 될 수도 있다.

자신 안에 보이지 않는 벽을 너무 튼튼하게 세워서 그 벽을 깨려는 밝은 생각을 가로막는 것은 아닌지 자문해 보라. 보이지 않는 벽이 정말로 있다면 깨버려라. 다음 장에서 그 방법에 대해 알게 될 것이다.

성공 능력을 키우는 지렛대의 원리

자신의 자산을 정확히 알고 있는가? 아무리 시시한 것일지라도 자신의 진정한 능력, 성장 잠재력, 과거에 이루었던 성공들을 인식하고 있는가? 그렇지 않다면 먼저 자산 목록을 만들어라. 어디로 가고 있는지, 어떻게 해야 하는지 알려면 먼저 자신을 알아야 하기 때문이다.

| 제4장 | **미래를 흘려보내지 마라**

프로이드 페터슨이 링 위에 쓰러졌다. 몇 초가 지나자 그는 더 이상 세계 헤비급 챔피언이 아니었다. 잉게마르 요한슨이 그에게서 타이틀을 빼앗아 간 것이다.

전문가들은 이제 페터슨은 끝났다면서 복서로서의 그의 미래에 찬물을 끼얹었다. 복싱계에는 한 번 타이틀을 잃은 헤비급 챔피언은 왕관을 되찾지 못한다는 오래된 징크스가 있었다. 그렇지만 페터슨은 다시 도전하고자 했고 정말로 그렇게 했다.

페터슨은 **불만족에서 오는 자극** Inspirational dissatisfaction을 키웠다. 성공한다는 확신이 있었기 때문에 패배자로 남고 싶지 않았다. 그는 챔피언이라는 대단한 자부심을 가지고 있었다.

오랜 생각 끝에 마침내 정신 자세를 고쳐 잃어버린 시간을 만회하려면 오직 훈련, 훈련밖에 없다는 것을 깨달았다. 그는 죽을힘을 다해 훈련에 임하고 연구하며 트레이너의 지시를 충실히 따랐다.

그는 전 챔피언 루이스에게서, 요한슨을 이기려면 그가 실수하도록 만들고 그 순간 치고 들어가라는 충고를 들었다. 페터슨은 정말 요한슨이 실수하도록 만든 다음 치고 들어갔다. 사실 페터슨이 5라운드에 요한슨의 턱에 마지막 훅을 작렬시켰을 때 불만족에서 오는 자극의 힘 - 행동에 필요한 자극, 노하우, 행동지침 - 을 충분히 키워서 헤비급 챔피언 왕관을 되찾아올 수 있었다는 것을 증명했다.

재기 시합 직전 페터슨은 사진을 찍으려는 기자에게 의미심장한 말을 남겼다.

"정말 중요한 것은 찍을 수 없을 겁니다. 정말 중요한 것은 정신력이기 때문입니다."

페터슨은 부정적인 태도를 긍정적인 정신 자세Positive Mental Attitude로 바꾸었고, 마침내 그의 미래는 그가 결심했던 대로 흘러갔다.

당신의 미래는 흘러가는가?

당신의 미래는 펼쳐져 있는가, 아니면 이미 흘러갔는가?

성공은 부정적인 습관, 바람직하지 못한 생각이나 행동 같은 보이지 않는 벽을 무너뜨리고, 좋은 생각이나 행동 같은 긍정적인 습관을 강화하고 얼마나 실천하느냐에 달려 있다. 왜냐하면 성품이 진정한 성공의 열쇠이기 때문이다.

결코 완벽해질 수는 없지만 노력하면 좋은 성품을 얻을 수 있다. 시간이 가면서 행운이나 불행이 따르기도 하고, 성공이나 실패가 오기도 한다. 당신은 어느 것을 선택할 것인가? 선택은 당신의 몫이다. 키를 잡고 있는 사람만이 가고자 하는 방향으로 길을 선택할 수 있다. 오늘, 내일 또는 먼 미래를 향하여.

그런데 당신은 지금 어디에 있는가? 지금이 당신의 생각과 행동 습관을 점검할 때이다. 현재의 사고방식이나 행동이 미래의 운명을 결정지을 것이다. 지금 있는 곳에서 진정으로 가고자 하는 곳으로 제대로 가고 있는가?

현재 어떤 상황에 있든 과거에 어떠했든 상관없이 당신은 원하는 방향으로 어디든 갈 수 있다. 인생 항해를 계속하면서 당신은 배의 선장이 되어 기항지를 선택할 수 있고 계속해서 다음 항구로 나아갈 수 있다. 이 항구에서 다음 항구로 항해하는 동안 폭풍우도 경험하고 잔잔한 바다도 경험할 것이다.

항로를 찾아야 하는 사람은 당신이다. 방향타를 놓친 많은 배들처럼 올바른 성품을 잃어버린 많은 사람들이 세상에서 사라졌다. 이런 일은 항해할 때나 인생에서 언제든지 일어날 수 있다. 올바른 성품은 성공적인 미래를 보장하는 모든 조건의 공통분모이기 때문이다.

그는 자신의 미래를 흘려보냈다

어머니는 연극과 음악, 오페라를 좋아하셨다. 그래서 나는 어렸을 적에 어머니와 함께 종종 극장에 가서 당대 최고의 배우를 볼 수 있었다. 그는 나의 영웅이었다. 세월이 흘러 어른이 된 후 그를 다시 보았을 때 그는 더 이상 내가 우러러보던 영웅이 아니었다. 그는 여전히 많은 관객들에게 즐거움을 주었고 사람들은 그에게 박수갈

채를 보냈지만, 그의 예술과 재능에 보내는 갈채는 아니었다. 사람들은 그가 연극 무대에 등장하면 박수를 쳤다. 그가 늦게 나와도 단지 나타난 것만으로도 박수를 쳤던 것이다. 그가 실수를 하거나, 대사를 까먹거나, 순간적인 임기응변에도 박수가 터졌다. 그는 어릿광대가 아니었는데 사람들은 그를 보며 크게 웃고 있었다. 그는 코미디언도 아니었고, 단지 자신의 미래를 흘려보낸 한때 위대했던 한 사람일 뿐이었다. 그는 알코올 중독으로 폐인이 되어 있었다. 그때는 몰랐지만 내가 소년 시절에 본 훌륭했던 그 배우는 자신의 미래를 그냥 흘려보냈던 것이다. 그는 가고자 하는 목적지를 알고 있었지만, 키를 잡고 올바른 항로로 들어서기를 거부했다. 바람직하지 못한 습관을 버리고 좋은 습관을 찾지 않은 것이다.

자신을 극복하고 이기는 방법

모든 성공 요소를 다 가지고 있다고 해도 정말 중요한 한 가지가 없으면 아무 소용이 없다. 바로 성품이다. 좋은 성품을 계발하는 것은 자신과 싸워 이겨야 하는 전투와 같다.

그런 전투는 내면에서 일어나는 것이지만, 우리는 훌륭한 사람들이나 독자들로 하여금 더 나은 사람이 되게 하고 인생의 진정한 부를 찾을 수 있도록 도와주는 자기계발서와 같은 외부의 도움을 받을 수 있다. 그러나 기억하라. 자기계발서의 진정한 가치는 책의 내용이 아니라 그 속에 있는 성공 요소를 끄집어내어 당신의 삶 속으로 투영하는 것이다.

기도함으로써 도움과 인도를 청할 수도 있다. 어찌 보면 이것이 가장 중요할 수 있다. 당신은 유전, 환경, 신체, 의식과 잠재의식, 경험, 시공간 상의 특정 위치와 방향, 그리고 더 나아가 알려져 있거나 알려지지 않은 어떤 힘들의 결정체이다. 당신은 이런 모든 것을 취하고 이용하고 조정하거나 조화를 이룰 수 있는 힘을 가지고 있다. 그리고 생각을 통제하고 감정을 조절하여 스스로 운명을 결정할 수 있다. 이것이 바로 『긍정적인 정신 자세를 통한 성공 Success Through a Positive Mental Attitude』에서 말하는 것이다. 그리고 내가 믿는 것이기도 하다. 절대로 실패하지 않는 성공시스템을 이해하고 활용하면 스스로 그것을 증명하게 될 것이다. 당신은 영감을 받고 필요한 지식과 노하우를 가지게 될 것이며, 좋은 생각을 하고 올바른 행동을 하게 될 것이다.

단지 바라는 것을 계속 생각함으로써 올바르지 않은 것에 대한 생각을 멀리하게 될 것이다. 그렇게 자기암시를 통하여 잠재의식에 영향을 주어 자신을 이기기 시작할 것이다.

생각은 가장 효과적인 암시의 형태로써 흔히 시각, 청각, 후각, 미각, 촉각을 통하여 얻는 것보다 더 강력한 힘을 가지고 있다. 사람의 잠재의식은 알려진 힘과 알려지지 않은 힘을 가지고 있는데, 이런 힘을 잘 통제하여 자신을 극복해야만 한다.

올바르기 때문에 행하라

제삼자가 '올바른 일은 올바르기 때문에 행하려고 노력하라'고 말하는 것은 당신에게 주는 암시이다. 그리고 올바른 일은 올바르기 때문에 해야 한다고 생각하는 것은 자기암시이다.

1. 암시는 외부(주위 환경)에서 온다.
2. 자기암시는 자동적 혹은 의도적으로 통제할 수 있다.
3. 기계에 동일한 자극을 주면 동일한 방식으로 작동하듯, 자동 암시는 잠재의식 내에서 스스로 작동한다.
4. 오감으로부터 오는 생각과 인상은 암시의 형태로 온다.
5. 오직 자신만이 자신에 대해 생각할 수 있다.

나는 동기부여 기술을 설명하거나 사례를 들면서 당신에게 동기를 주려고 애쓰고 있다. 그리고 반복은 모든 암시의 효과를 높인다. 만약 당신이 동기요인을 활용하는 노하우를 갖고 싶다면 자발적으로 행동해야 한다. 그래서 나는 당신이 스스로 그 효과를 증명해 보이도록 촉구하는 것이다.

앞으로 일주일 동안 수시로 '올바른 일은 올바르기 때문에 행하려고 노력하라'를 반복해서 생각하고 말하라. 그러면 유혹에 직면했을 때 이 동기요인이 잠재의식으로부터 의식 영역으로 이동해 문득 떠오를 것이다. 그러면 즉시 행동하라. 올바른 일을 하라.

이것을 반복하면 습관이 되고, 좋은 습관은 당신의 미래를 결정하는 데 도움이 된다. 개인의 미래는 성품에 달려 있고, 성품은 유혹을 극복하는 근원이 된다. 세상이 살기 좋아진 것은 올바른 일을 하려는 습관을 들인 사람들 덕분이다. 유혹을 극복했기 때문이다.

그들 중에는 범죄자였으나 성인이 된 사람도 있다. 죄를 지었기 때문에 성인이 되고자 하는 동기를 갖게 된 것이다. 그들이 바람직한 행동을 해야겠다는 영감을 받은 것은 후회라는 동기, 즉 속죄하여 죄책감에서 벗어나고자 하는 욕구, 주위 사람들로부터 존경받고 신의 축복에 감사하고 잃어버린 시간을 만회하려는 욕구가 있기 때문이었다.

필명이 오 헨리[1]였던 윌리엄 시드니 포터가 아마 이 경우에 해당될 것이다. 횡령죄로 오하이오의 형무소에 투옥된 동안 그는 공부하고 생각하며 계획을 세웠다. 자기 성찰에 몰두한 포터는 자신을 극복해야 한다는 영감을 얻었다. 그러자 새로운 미래가 펼쳐졌다.

포터는 자신의 글 쓰는 재능을 활용했고, 출소한 후 얼마 되지 않아 몇 군데 수입원이 생겼다. 그중 하나가 「뉴욕월드」 지에 주간 단편소설을 연재하고 받은 100달러였다. 갑자기 그의 명성이 높아지며 책이 어마어마하게 팔려나갔다.

지금의 당신이 누구든 혹은 과거에 무엇을 해왔든 상관없이 당신은 자신이 원하는 대로 될 수 있다.

개천에서 용 난다?

또 다른 친구 호레이셔 앨저 주니어[2]를 만나보자. 그를 만난 곳은 미시간에 있는 어느 가족 농장을 겸한 리조트에서였다. 나는 당

---

1) O. Henry. 1862~1910. 미국의 단편 소설가 2) Horatio Alger Jr. 1832~1899. 미국의 작가

시 열두 살이었고 어머니는 시카고에서 옷 만드는 일을 하실 때였다. 어머니는 나와 같은 도시 아이는 여름 동안만이라도 도시를 떠나 시골에서 지내는 것이 좋다고 생각하셨다. 어머니의 생각은 옳았다. 농장에서 나는 행운아들이 경험하는 건강한 삶을 배웠다.

나는 개울에서 수영하는 법과 배를 타고 고기 잡는 법을 배웠다. 오래된 물레방아와 물이 빠질 때 보이던 진흙 속의 거북이, 밤에 숲에서 옥수수를 굽던 일, 재미있던 피크닉이나 축제, 어느 밤 난롯가에서 유령 이야기를 들을 때의 두려움, 폭풍우 치던 밤에 농장 식구들과 질문을 하면 대답하던 점괘판과 흔들리던 식탁, 건초 더미에서 낮잠 자던 일 등 이 모든 체험이 내게는 보물 같은 추억이다.

그러나 무엇보다 잊을 수 없는 것은 첫날 다락방에 올라가서 만났던 앨저의 책이었다. 어림잡아도 50권이 넘는 그가 지은 책이 먼지가 쌓이고 빛이 바랜 채 한쪽 구석에 쌓여 있었다. 나는 그중 하나를 집어들고 앞마당 해먹에 누워 읽기 시작했다. 그해 여름 동안 모든 책을 읽을 수 있었다.

책의 내용은 가난했지만 성공한 사람들에 관한 것이었는데 성공한 사람은 성품이 훌륭했기 때문이고, 악당은 사기를 치고 횡령하기 때문에 실패했다는 것이었다. 앨저의 책은 얼마나 팔렸을까? 정확히는 모르지만 적게는 1억 권에서 많게는 3억 권이라고 한다. 우리는 그의 책이 미국에서 태어난 가난한 가정의 소년들이 올바른 일은 올바르기 때문에 해야 한다는 영감을 얻어서 결국 부를 획득할 수 있게 해주었다는 것을 잘 알고 있다.

올바른 정신 자세와 불만족에서 오는 영감

우리는 대부분의 사람들은 기본적으로 정직하고 선량하다고 믿는다. 하지만 어떤 사람은 좋은 성품과 건강한 신체에 좋은 마음씨를 가지고 있으면서도 미래를 흘려보내기도 한다. 추측컨대 그의 자세가 긍정적이기보다는 부정적일 수 있고, 정신 자세가 올바르지 않을 수 있기 때문이다. 그럼 어떤 것이 긍정적인 정신 자세일까?

『긍정적인 정신 자세를 통한 성공』에서는 이렇게 말하고 있다.

올바른 정신 자세 RMA : Right Mental Attitude는 대부분 성실, 믿음, 희망, 낙천주의, 용기, 솔선수범, 관용, 아량, 재치와 같은 단어들로 상징되는 플러스적인 특성들과 친절 및 건전한 상식으로 구성되어 있다.

잘못된 정신 자세는 그와 반대되는 특성들이다. 이 점에 대해서는 모든 사람들이 동의할 것이다. 하지만 세상의 어떤 뛰어난 사람도 건전한 불만족이 없으면 발전이 없는 법이다. 불만족에서 오는 자극은 소망을 현실로 바꾸는 불가사의한 힘이 있기 때문이다.

세상 모든 분야의 진보는 불만족에서 오는 자극을 경험한 사람들이 실행으로 옮긴 행동의 결과이지 결코 만족한 사람들에 의한 것이 아니다. 불만족에서 오는 자극은 사람을 행동하게 만드는 추진력이 있기 때문이다. 불만족 상태가 되려면 당신은 무엇인가를 원해야 한다. 무엇인가 간절히 원하면 어떤 식으로든 행동하고 노력하게 된다.

닥터 조가 가는 곳에 하느님도 가신다

밥 커런과 나는 불만족에서 오는 자극의 힘과 올바른 정신 자세에 대해 얘기를 나누고 있었다. 그때 밥이 이렇게 말했다.

"내가 처남인 닥터 조에 대해 얘기한 적이 있던가?"

"아니."

"텍사스에 살던 조 홉킨스는 내 누이와 결혼했지. 그는 50년 넘게 병원을 운영하고 있다네. 그런데 33년 전에 후두암에 걸린 거야. 곧 제거수술을 했고 정교한 수술 덕분에 목숨을 건질 수 있었지만 목소리를 낼 수 없게 되었지.

어느 날 나이는 좀 들었지만 비슷한 수술을 받았던 루이지애나 출신 의사에 대해 듣게 되었지. 그 의사는 기기 도움 없이 다시 말을 하고 싶다는 강한 욕구를 가지고 있었대. 그래서 결국 놀라운 기술을 완성했지. 우선 공기를 마신 후 목구멍과 입으로 끌어온 다음, 이빨 안쪽에 혀를 대고 공기의 압력을 이용해서 소리를 만들었다는 거야. 마침내 그는 말을 아주 잘하게 되었지.

조는 그 의사 얘기에 영감을 받았어. 그 역시 후두 없이도 말을 할 수 있다고 믿었지. 목을 치료한 후 특별한 소리를 만들려고 애를 썼네. 물론 처음에는 쉽지 않았지. 원하는 소리를 낸다는 게 불가능한 것 같았지만, 어느 날 그는 몇 개의 모음을 분명히 낼 수 있게 된 거야. 희망이 보이자 더욱더 노력했고 더 많이 기도했어. 날이 가면서 점점 나아졌지. 처음에는 모음들을 말할 수 있게 되었고, 곧 모든 알파벳 소리를 낼 수 있게 되고, 이어서 한 음절짜리 단어를 말하게 되었지. 연습을 계속하자 두 음절 혹은 세 음절 단어까지 말할 수 있게 되었고, 어느새 자유롭게 말할 수 있게 되었지 뭐야.

처음에는 그의 목소리가 귀에 거슬렸지만 이제는 전화까지도 쉽게 알아들을 수 있네. 발음하기 어려운 단어가 있을 때는 잠시 생각한 다음 비슷한 말을 사용하곤 했지. 이제는 그런 문제없이 편하게 말하는 것 같더군."

"그렇다면 자신과 비슷한 상황에 있는 사람들을 돕기도 했나?"

"물론이지. 조는 타인에게 자신감을 심어주는 좋은 재주를 가지고 있다네. 다른 의사가 후두를 절제한 환자를 그에게 보내기도 하는데, 그 환자가 가보면 대기실이 사람들로 가득 차 있지. 조는 대기실에 들어와서 조금은 귀에 거슬리는 특유의 목소리로 사람들과 얘기하면서 미소를 짓기도 하고 큰 소리로 웃는다네.

그러다가 말을 못하는 환자가 사무실로 들어서면 환자에게 자기가 루이지애나의 어떤 의사에게 영감을 받아서 목소리를 되찾게 된 감동적인 얘기를 해준다네. 그러면 환자는 대개 자신도 조처럼 말하는 모습을 상상하며 흥분하지. 그는 환자에게 그저 열심히 노력하고 연습하고 또 연습하라고 말해 준다네.

현재 조는 내가 아는 가장 바쁜 사람 중의 한 명일세. 75세인데도 세 곳의 병원에서 매일 봉사한다는군. 어느 해에는 '올해의 텍사스 의사' 상도 받고 어느 해에는 레타레 훈장[1]도 받았다네. 가난한 사람들에게 헌신적이었기 때문에 교황 비오 12세로부터 작위도 받았

---

1) Laetare Medal. 1883년부터 매년 인디애나 주의 Notre Dame 대학이 수여하는 상

지. 나는 이런 말을 여러 번 들었네. '닥터 조가 가는 곳에 하느님도 가신다.' "

노력에서 오는 축복

이제는 확실히 알았을 것이다. 좋은 성품을 계발하려면, 노력하라. 좋은 건강을 얻으려면, 노력하라. 자신을 극복하려면, 노력하라. 올바르기 때문에 올바른 행동을 하려면, 노력하라. 개천에서 용이 나려면, 노력하라. 길을 되돌려 싸우려면, 노력하라. 지식을 얻으려면, 노력하라. 노하우를 얻으려면, 노력하라.

다음 장에서 우리는 노력하는 즐거움을 알게 될 것이다. 원칙들을 적용하면서 노력할 때 느끼는 기쁨을 배우게 될 것이다. 더불어 실패할 때보다 적게 일하면서 성공하는 방법도 알게 될 것이다.

성공 능력을 키우는 지렛대의 원리

자극은 불만족스러운 상태일 때 받는다. 그러므로 불만족에서 오는 자극은 절대로 실패하지 않는 성공시스템에서 가장 강력한 힘이다. 따라서 성공으로 가는 길은 스스로 어떻게 해야겠다는 자극을 받을 때 열린다.

이 책을 정독하라. 거의 매 쪽마다 불만족에서 오는 자극의 증거가 튀어나올 것이다. 이것이 일할 때 필요한 역동적인 힘이다. 그 힘을 당신을 위해 쓰도록 하라.

제2부
보물지도를 찾아서

...

5장 _ 성공할 때 힘이 덜 든다
6장 _ 방향을 제대로 잡아라
7장 _ 실천력

| 제5장 | **성공할 때 힘이 덜 든다**

역사적인 날을 기억하는가? 흥분, 놀람, 안도감. 거기에 쾌감과 자부심의 폭발! 존 글렌 John Glenn [1] 중령과 그가 탄 머큐리 캡슐 우정 7호[2]가 아틀라스 로켓에 실려 우주를 향해 발사된 후, 시속 17,545마일의 속도로 지구궤도를 세 바퀴 돌고 예정된 장소에 무사히 귀환했을 때 미국 국민과 자유세계 사람들이 느꼈던 감정이 그랬다.

우주여행 동안 자동운항장치가 정상적으로 작동하지 않자 글렌 중령은 하는 수 없이 수동으로 캡슐을 조종해야 했다. 그러나 이미 대비책이 마련되어 있었다. 글렌 중령이 무사히 지구로 귀환하자 그는 전 세계 텔레비전 시청자들에게 호감 가는 성격에 상식을 갖춘 인격자이자 용기 있는 사람으로 각인되었다.

아틀라스 로켓의 압축된 에너지가 한꺼번에 폭발하면 탑재된 위

---

[1] 1962년 최초의 우주비행 후 1998년 77세의 나이에 우주왕복선에 다시 승선하여 최고령 우주비행사가 된 미국의 상원의원
[2] 지구 궤도를 비행한 미국 최초의 유인 위성

성은 우주 공간으로 발사된 후 추가 동력을 쓰지 않아도 계속 날아가게 된다. 관성의 법칙 때문이다. 관성의 법칙이란 외부로부터 힘이 작용하지 않으면 움직이든 정지해 있든 물체가 현재 상태를 계속 유지하려는 힘이다.

인공위성을 우주 공간으로 보내기 위한 에너지를 조금씩만 쓴다면 힘이 분산되어 위성은 지구의 중력을 극복하지 못하게 된다. 그렇게 되면 위성은 대기권을 통과하지 못하고 추락할 것이다. 성공이 아니라 실패인 것이다.

글렌 중령과 머큐리 캡슐의 흥미로운 이야기에서 어떻게 우리의 삶에 적용할 수 있는 원칙들을 추출해 낼 수 있을까?

많은 원칙들이 있겠지만 그중 하나가 실패하는 것보다는 성공하는 것이 힘이 덜 든다는 것이다. 부족하다고 생각하는 것에 생각과 노력을 집중하고 지속적으로 투자하면 전문가가 되는 데는 그리 많은 시간이 필요치 않다. 그러므로 주의와 노력을 한 곳에 모아 필요한 지식, 노하우, 그리고 동기를 얻어서 목표를 성취하도록 하라.

그렇게 할 수 있다면 성공은 확실하다. 그러나 이런 성공원칙들을 모르거나 제대로 활용하지 못하면 성공을 이루거나 자신만의 목표를 달성하거나 지속적인 성공을 즐길 수 없을 것이다.

실패할 때보다 성공할 때 힘이 덜 든다

일이란 에너지를 사용하는 것이다. 사람들이 어떤 활동을 한다는 것은 곧 에너지를 사용하는 것이다. 주어진 일에 에너지를 집중하려면 주의력을 모으고, 불필요한 곳에 힘을 낭비하지 않아야 한다.

아주 단순한 것처럼 보이지만 이것이야말로 행동지침, 노하우, 그리고 행동에 필요한 자극을 얻는 가장 확실한 방법이다. 또한 결코 실패하지 않는 성공시스템을 개발했던 방법이기도 하다.

무엇인가 할 때는 정신을 한 곳에 집중하라. 가진 것을 다 쏟아부은 다음에는 쉬어라. 주의와 노력을 집중한 다음 휴식을 취하는 것은 보험을 판매하기 시작한 직후부터 생긴 습관이었다. 밤에 숙면을 취해도 보험을 팔기 위해 사무실, 상점, 은행, 그리고 대기업들을 하나하나 방문하다 보면 곧 체력이 바닥나기 때문이다.

나는 무조건 오전 9시에 첫 번째 고객을 방문하는 습관을 들였다. 방문하기 전에는 정신을 가다듬고 집중하였으며 도움을 청하는 기도를 했다. 나를 방해하는 어떤 것도 허용하지 않았다. 스스로 신명나게 만들었다. 근무시간 중에는 신속하게 움직이며 1분의 시간도 아꼈다.

점심때는 가볍게 식사하면서 긴장을 풀었고 오후에 모든 것을 다시 시작하였다. 집에서 멀리 떨어진 곳에서 일할 때면 호텔에서 점심을 먹고 30분 정도 잠을 잔 다음 새로운 마음으로 오후 일과를 시작했다. 5시나 5시 반에 하루 일과를 마치면 긴장을 풀고 일에 대한 생각은 모두 잊었다.

사소한 것에서 많은 것을 배운다

판매 건마다 모든 것을 집중하며 보험에 대하여 알아야 할 모든 것을 배웠다. 또한, 보험을 대량으로 팔기 위해서는 어떻게 말하고, 어떤 행동을 어떻게 해야 하는지 배웠다. 즉, 어느 정도 시행착오를 거치기는 했지만 행동에 대한 지식과 노하우를 얻었다. 또한, 마음먹은 대로 행동하게 만들기 위한 자극을 개발하는 방법도 배웠다.

세일즈 대화법을 암기하고 체계화된 판매 계획을 세우면 세일즈가 계속 이어질 수 있다는 것을 확실히 믿었다. 한편으로는 고객과 대화할 때 암기한 대로 말하는 것이 아니라 마치 배우처럼 느낌과 감정을 실었으며 그런 타이밍도 포착할 수 있게 되었다. 배우의 연기를 보면서 사람들은 배우와 극중 인물을 동일시한다. 왜냐하면 배우는 공연하는 동안 극중 인물의 삶을 살기 때문이다.

일할 때의 나는 극중 어느 배역의 삶을 살 뿐만 아니라 각본까지도 작성했다. 훌륭한 극작가처럼 기회가 올 때마다 각본을 수정해 나갔다. 그러나 극작가와는 달리 나는 그때그때의 상황에 맞게 대화에 변화를 주었고, 그렇게 바뀐 대화는 여러 상황에 대한 표준 대화법이 되었다. 그리고 상담을 진행하다 대화가 끊기면 미리 준비해 두었던 유머 중 하나를 활용해 대화를 이어가곤 했다.

일? 그렇다. 그것은 분명 일이었다. 나 또한 자신을 극복하기 위해 수없이 자신과 싸웠다. 이것 역시 일이었다. 그러나 나는 느낌과 감정을 조절하는 방법을 찾고 있던 중이라 일을 무척이나 즐겼다.

백화점 대표나 대형 은행의 소유주를 만날 때도 과연 두려움을 극복할 수 있을지 스스로에게 궁금해 한 적도 있었다. 하지만 나는 마음을 다스리고 동기요인을 활용하며 계속 시도하는 단순한 기술이 도움이 된다는 사실을 알고 있었다. 드디어 뉴욕, 시카고, 또는 그 어디에 있는 아무리 큰 회사 대표라도 아무런 두려움 없이 방문할 수 있는 날이 왔다. 그동안 기울인 노력이 마침내 습관이 되었기 때문이었다.

연구를 통해서 항상 같은 결과를 얻을 수 있는 공식을 찾아내는 과학자처럼 같은 방식으로 성공 공식을 찾았다. 또한 과학자와 마찬가지로 모든 공식에서 시간이 중요한 요소라는 것도 발견했다.

정지해 있는 것은 어디에도 없다. 내부나 외부에는 끊임없이 변화가 일어난다. 돋보기를 사용하여 쓰러진 나무의 어느 한 부분에 태양빛을 집중시킨다면 몇 분 이내에 불이 붙을 것이다. 그러나 수십 년 동안 같은 나무에 태양빛이 비쳐도 돋보기가 없다면 불은 붙지 않는다. 그저 시간이 지나면서 썩어서 흙으로 돌아갈 뿐이다. 당신과 나도 마찬가지다.

성공하는 데에도 시간이 걸리고 실패하는 데에도 시간이 걸린다. 그러나 성공할 때는 실패할 때보다 시간이 적게 걸린다. 나쁜 일보다는 올바른 일에 적절한 지식, 효율적인 기술, 행동에 필요한 자극을 갖추어 올바른 방식으로 대응하면 성공하는 데 시간이 적게 걸리기 때문이다. 그렇게 되면 당신은 성공전략을 갖춘 것이다.

바르지 못한 방식으로 또는 바르지 못한 일을 해도 우연히 또는 어떤 상황 덕분에 일시적으로 성공할 수 있다. 또는 우연히 올바른 성공전략을 만나 잠시 성공할 수도 있다. 그러나 계속 이어지지는 않을 것이다.

짧은 성공과 지속적인 실패

회사나 개인이 잠깐 성공했다가 금방 실패하는 것은 흔히 있는 일이다. 특이한 경우를 보자.

영국의 보험회사들이 할인권 계약 사고보험이라는 상품을 판매하기 시작한 이후 미국 보험회사들도 유사한 보험을 팔아왔다. 이 보험은 해리 길버트에 의해 미국에 도입되었다. 우리는 그것을 선先발행 사고보험이라고 불렀는데, 실제 판매시점에 세일즈맨이 작성해서 전달하기 때문이었다. 이 상품은 사전 약속 없이 무작위로 방문하여 보험을 판매하는 방식이었다.

이런 보험회사의 수많은 대리인들은 몇 년 동안 엄청난 성공을 거두었다. 하지만 오늘날 이 할인권 계약 사고보험을 취급하던 대리인이나 회사는 단 하나의 예외를 빼고 모두 상품 판매를 중단하거나 망했다. 왜냐하면 상품의 수익성이 떨어져서 손해를 보기 때문이었다. 그들은 성공전략을 개발하지 않고 현실에 안주할 따름이었다.

그렇다면 단 하나의 예외는? 물론 내가 관리하던 회사들이었다. 나는 결코 실패하지 않는 세일즈 전략을 개발하여 그런 전략이 없는 세일즈맨이 여러 달 동안 파는 것보다 더 많은 보험을 일주일 만에 팔 수 있었다. 원인은 하나, 시간 절약이었다. 그래서 나는 오랫동안 성공할 수 있었고 그들은 실패했던 것이다.

나의 모든 노력과 주의는 보험을 파는 데 초점을 맞추었다. 따라서 시간을 절약할 수 있었다. 한 시간을 쪼개어 여러 시간처럼 활용하려고 노력하였다. 마치 1달러를 10달러처럼 쓰듯이. 나는 자주 이런 생각을 했다.

'내가 일을 해야만 한다면 남들이 평생 벌 돈을 1년 만에 벌자.'

그러나 내가 깨달은 것은 이 목표를 달성하려면 절대로 실패하지 않는 성공시스템이 있어야 한다는 것이었다. 결국 나는 연간 소득에 관한 것을 포함해서 괄목할 만한 가치 있는 여러 목표를 달성했다. 매번 목표를 이루기 위하여 활용한 기본 원칙은 다음과 같다.

1. 행동에 필요한 자극 – 마음만 먹으면 이룰 수 있다.
2. 노하우 – 경험을 통해 얻을 수 있다.
3. 행동지침

그러면 어떻게 행동지침을 얻을 수 있을까?

하기 두려운 것을 하라

행동에 필요한 지식을 얻는 방법은 많다. 나는 보험을 대량으로 판매하는 데 필요한 모든 것을 경험을 통해서 배웠다. 현장에서 판매하며 배운 것이다. 특히 '하기 두려운 것을 하라'는 원칙을 배웠다. 가기 두려운 곳으로 가라. 어떤 큰일을 하기가 겁이 나서 도망친다면 스스로 기회를 지나쳐가는 것이다.

세일즈를 시작했던 처음 몇 년 동안은 은행, 철도회사, 백화점 또는 다른 대기업의 정문에 다가갈 때마다 두려움에 휩싸였다. 그래서 그냥 지나쳐갔다. 나중에야 정문을 지나쳐가는 것이 결국 기회를 포기하는 것이라는 것을 알게 되었다. 작은 가게에서 두려움을 누그러뜨리는 방법을 배우긴 했지만 보다 큰 곳에서 세일즈하는 것이 작은 가게보다 쉽다는 것도 알게 되었다. 결국 나의 결론은 세일즈에서 크게 성공하려면 대기업을 상대해야 한다는 것이다. 다른 세일즈맨들도 나처럼 두려움에 휩싸여 기회의 문을 지나쳐갔고 시도조차 하지 않았다.

실제로 대기업의 간부들이나 직원들의 세일즈맨을 대하는 태도가 오히려 수많은 세일즈맨들이 겁 없이 들어가는 작은 가게나 회사보다 부드럽다. 그런 작은 곳에는 하루에도 수십 명의 세일즈맨들이 용감하게 들이닥쳐 사장이나 직원들은 세일즈맨들을 귀찮게 여겨 내용을 말하기 전에 "노"라고 말한다. 물론 제대로 된 전략이 있으면 '노'를 '예스'로 바꿀 수 있으나 대체로 시간이 걸린다.

게다가 높은 자리에 앉아 있는 성공한 사람, 바닥부터 올라온 사람은 동정심이 있어서 당신에게 기회를 준다. 그는 성공의 길을 밟아왔기 때문에 누군가를 도와주고자 애쓰는 것이다. 이런 사실을 알게 되자 대기업을 상대로 세일즈하는 습관을 들이게 되었다.

그때 나는 열아홉 살이었는데 어머니는 나에게 미시건 주의 플린트, 새기노, 베이시티에 가서 새로운 고객을 찾으라고 하였다. 플린트에서는 모든 일이 순조로웠다. 새기노에서의 영업은 아주 잘 풀려 실적이 대단하였다. 베이시티에서는 겨우 2건만 갱신이 되어서 나는 어머니에게 편지를 보내 새기노에서 계속 일할 수 있게 해달라고 하였다.

'행운이나 성공으로부터 도망가지 마라'는 말은 언제나 나에게 훌륭한 좌우명 같은 것이었다. 하지만 어머니는 새기노를 떠나 베이시티로 가라고 명령하였다. 내키지 않았지만 할 수 없이 그리로 갔다. 명령은 명령이니까.

베이시티의 호텔에 도착한 나는 두 갱신 건을 옷장 위 칸 서랍에 집어넣어 버렸다. 아마도 일종의 반항심이었을 것이다. 비록 나는 그것을 의로운 분노라고 생각했지만. 그리고는 가장 큰 은행을 찾아가서 리드라는 이름의 지배인과 면담을 가졌다.

그때는 몰랐지만 그는 막 지배인이 된 사람이었다. 대화하는 도중에 그는 금속으로 된 인식표를 꺼내더니 이렇게 말하였다.

"나는 당신네 회사 보험 서비스를 15년 동안이나 이용해 왔소. 처음 보험에 든 것은 내가 앤아버에 있는 은행에서 일할 때였지요. 나는 최근에 이리로 전근되어 왔소."

리드 씨에게 감사하다고 말한 다음 다른 사람들에게 상품을 설명해도 좋다는 양해를 얻었다. 나는 직원들 개개인에게 리드 씨가 우리 보험을 15년 동안이나 이용하였으며 그들에게 상품을 설명해도 좋다는 허락을 받았다고 말했다. 그 결과 전원이 계약을 체결했다.

용기를 얻어 가게에서 가게로, 회사에서 회사로 영업을 계속하였다. 은행, 보험회사, 대형 기업체들을 방문하였다. 그가 누구든 가리지 않고 방문하였다. 베이시티에 간 지 2주 만에 하루 평균 48건을 계약했다.

그리고 베이시티를 떠나던 토요일에는 보험청약자들과 회사에 공평하도록 옷장 위 칸 서랍을 열고 갱신된 2건을 꺼내어 똑같이 처리하였다. 이 일을 계기로 아주 뚜렷한 원칙이 세워졌다.

'하기 두려운 것을 하라, 가기 두려운 곳으로 가라.'

'어떤 큰일을 하기 겁나서 도망간다면 기회를 포기하는 것이다.'

얼마 후 나는 두려움 외에도 여러 가지 이유로 많은 기회를 지나쳐갔다는 것을 깨닫게 되었다. 노하우를 개발하려면 물론 경험이 있어야겠지만 기꺼이 가르쳐주려는 사람, 다른 사람의 경험, 그리고 책으로부터 배우겠다는 의지만 있으면 행동지침은 얼마든지 습득할 수 있다.

사실 이런 것은 열아홉 살이 되기 전에 깨달았어야 했다. 이제는 모든 것이 명확하게 보인다. 아직도 당시의 나처럼 고등학교를 중퇴한 10대들이 많다. 그들은 선생과 싸우거나, 제대로 공부하는 방법이나 습관을 익히지 못하거나, 돈을 벌고 싶거나, 혹은 이제 다 컸으니 조직화된 권위에 반발하고 싶을지도 모른다.

하지만 다행스럽게도 나는 가르치려는 사람과 책으로부터 배우고자 하는 욕구와 의지를 기를 수 있었다. 그리고 배우려는 의지는 일시적인 실패를 장기적인 성공으로 바꿀 수 있다.

일시적인 실패 뒤의 지속적인 성공

오토 프로파크에 대한 이야기는 특별한 지식은 경험뿐 아니라 다른 방법으로도 습득할 필요가 있다는 것을 보여주는 좋은 예이다.

새로운 활동을 할 때마다 비록 성공에 필요한 자극, 노하우, 그리고 기술적인 지식을 가지고 있다 하더라도 변화하는 상황에 대처하기 위해서는 또 다른 지식을 얻어야 할 필요가 있다. 미국은 유럽 및 중남미로부터 많은 사람들을 끌어들이고 있고 그들에게는 자극과 지식과 기술이 있다. 하지만 과거의 이민자들처럼 우선 영어를 배워야만 그들의 지식과 기술을 활용할 기회를 얻을 수 있다.

오토는 한때 독일의 유수한 은행에서 중역으로 있었으나 나치가 득세하자 그와 가족들은 박해를 받고 결국 수용소에 수감되고 모든 재산은 몰수당했다.

전쟁이 끝난 후 지옥으로부터 살아나온 오토 가족은 기회의 땅인 미국으로 와서 새로운 삶을 시작하였다. 그때 오토의 나이 57세였다. 그는 반드시 성공하겠다고 결심했다. 그는 회계와 은행 업무에 관한 한 전문가라서 지식과 노하우가 있었지만 직장을 잡을 수는 없었다.

몇 주 동안 애쓴 끝에 주당 32달러를 받는 물품창고 계리원 자리를 얻었다. 그렇지만 계속해서 직업소개소를 찾아다녔고, 토요일에는 사람을 구하는 회사의 인사담당자들과 면담하면서 자기가 가장 잘할 수 있는 회계 쪽의 일을 얻으려고 노력하였다. 오토는 사람들의 존경을 받을 만한 사람이었기 때문에 인사담당자들은 거절할 때도 그를 정중하게 대하였다.

몇 주가 지났을 때 전환점이 찾아왔다. 오토 프로파크는 문득 자기가 회계와 은행 업무를 잘 알고 영어를 할 수 있어도 미국의 회계

용어를 모른다는 사실을 깨달았다. 그는 이렇게 말했다.

"회계 쪽의 일이나 아니면 그런 류의 전문직을 얻으려면 그 일에 대한 지식과 경험 외에 기술적인 용어를 이해하고 구사할 줄 알아야 합니다. 그런 전문용어는 일반 어학 과정에서 배울 수 있는 게 아니지요. 나는 미국에서 회계와 은행 업무를 할 준비가 되어 있었지만 한 가지가 빠져 있었지요. 기술적인 전문용어 말입니다. 그래서 토요일 아침 시카고에 있는 라살르 대학 사회교육원의 학장실을 찾아갔습니다. 학장님은 나를 이해하고 도와주려고 하셨습니다.

학장 사무실을 나와 바로 고급회계와 비용회계 두 과목에 대한 수강등록을 했습니다. 미국 사람들이 쓰는 용어를 배워야 했던 겁니다. 그때부터 매일 밤 잠자기 전까지, 토요일과 일요일은 하루 종일 공부했습니다. 대부분의 시간을 교과서를 읽는 것뿐만 아니라 단어와 용어를 외우는 데 썼습니다. 내가 사용하는 영어로는 한계가 있어서 더 힘들었습니다. 게다가 매주 숙제를 서면으로 제출해야 했는데, 때로는 계산기 없이 여러 숫자를 연속적으로 곱하고 나누고 했지요."

오토가 집중적으로 노력한 보람이 있었다. 공부를 시작한 지 몇 달 만에 한 달에 200달러짜리 보조 회계사 자리를 얻었고, 계속해서 빠르게 승진하였다.

"하는 일은 무척 재미있었지만 고쳐야 할 곳이 많이 보이더군요. 하고 싶은 것을 다 하려니까 근무시간만으로는 충분하지 않아서 초과 근무를 꽤 했지요. 그리고 야간과정으로 상법, 세무, 감사 등의 과목도 공부했습니다. 종일 일에 매달려도 전혀 피곤하거나 힘들지 않았어요. 그렇게 하니까 시야가 넓어지면서 마치 산골 시냇물이 강이 되어 바다로 흘러가듯 보조 회계사에서 정식 회계사, 경리 책임자, 경리부장 그리고 몇 년 지나지 않아 본부장을 거쳐 임원으로 승진했습니다."

하고 싶은 것을 찾는 방법

오토 프로파크는 일시적인 좌절을 지속적인 성공으로 바꾸었다. 그는 자신이 진정 하고 싶은 것이 무엇인지 알고 있었고 그에 대한 준비를 착실히 했다. 자기 분야에서 일할 기회를 찾으려 했고 그러기 위해서는 집중적으로 철저하게 공부를 해야만 했다. 정말 고된 시간이었을 것이다. 그러나 습득한 지식은 자기 것이었으므로 원할 때 쓸 수 있었고 누구도 빼앗을 수 없었다.

머큐리 우주선 계획에 참가하였던 존 글렌 중령과 수천 명의 사람들이 성공을 거둘 수 있었던 것 역시 각자가 무엇을 해야 하는지 알고 그것을 실행했기 때문이다. 개개인이 집중적으로 노력한 결과 성공을 이루는 데 필요한 지식을 습득한 것이다. 이들은 아주 사소한 것조차 열심히 배웠다. 지식이란 찾는 사람에게만 보이며 목표가 정해지면 거기에 도달하는 길 또한 보이게 마련이다.

행동지침은 사실과 숫자 이상의 것이다. 예를 들어 내 친구 중의 한 사람은 컴퓨터 같은 기억력을 가지고 있다. 그는 책을 읽을 때 한 번에 단어 몇 개, 문구, 문장으로 읽는 것이 아니라 한쪽 전체를 순간적으로 다 읽는다. 그리고 백과사전의 모든 페이지에 들어 있는 내용을 단어 하나 틀리지 않고 인용한다. 그런 사람이 나에게 이런 말을 했을 때 무척 놀랐다.

"여보게, 자네는 내 재능을 알고 있으니 그 재능을 어떻게 써야 할지 말해 주게. 내가 가진 지식을 어떻게 써야 하겠나?"

그 친구는 지식과 기술은 있지만 그것으로 무엇을 해야 할지 몰랐던 것이다. 토머스 에디슨Thomas Edison[1]도 마찬가지다. 그 역시 컴퓨터 기억력을 가지고 있었다. 하지만 그는 행동지침을 습득하였다. 그는 자기가 바라는 것을 얻으려면 무엇이 필요한지 알았기 때문에 원하는 것을 찾을 수 있었다. 자기가 배운 사실에서 추출한 원칙들을 이해하고 받아들여서 활용했던 것이다.

나 역시 무엇을 찾는지 알고 있었다. 절대로 실패하지 않는 세일즈 공식을 개발하고 싶었다. 그래서 좋든 나쁘든 각각의 경험 속에 들어 있는 원칙을 찾아내려고 노력하였다. 도움이 되는 것은 활용하고 해로운 것은 제거했다.

누구든지 바라는 것이 무엇인지 결정할 수 있다. 누구든지 자신의 계획, 목표 그리고 행선지에 대하여 결정을 내릴 수 있다. 누구든지 기꺼이 가르침을 주려는 사람과 책으로부터 지식을 습득하고 글렌 중령, 오토 프로파크, 에디슨처럼 바라는 바를 어떻게 하면 얻을 수 있는지 깊이 생각하고 노력하면 된다. 누구든지 그들처럼 어떤 자극이 오면 경험으로부터 행동지침을 얻을 수 있다.

1) 1847~1931. 미국의 발명가. 1093개의 특허를 남겨 세계에서 가장 많은 발명을 한 과학자

하지만 어떤 경우에도 그런 원칙들을 이해하고 받아들이고 활용해야 목표를 성취하는 데 도움이 된다. 그러면 실패보다는 성공이 힘도 덜 들고 시간도 적게 걸린다는 것을 알게 될 것이다.

지식은 중요하다. 하지만 다음 장에서 보듯이 노하우도 성공에 절대적으로 필요한 요소다. 그러므로 성공하고자 한다면 안다는 것 Know을 어떻게How 습득할지 배우도록 노력하라.

성공 능력을 키우는 지렛대의 원리

잠깐만! 당신은 지금 책 속의 짧은 이야기들을 단지 재미로 읽고 있는가? 만약 그렇다면 핵심에서 벗어나 있다. 각각의 예화는 불변의 원칙을 조금씩 담고 있다. 이 원칙을 당신의 삶 속에 심은 다음 자라는 것을 관찰하라!

실패보다는 성공하는 것이 힘이 덜 든다! 이 말의 뜻을 달리 생각해 보면, 실패라는 것은 당신이 힘들여 했던 일이 아무것도 아니라는 뜻이다! 당신이 제대로 방향을 잡았더라면 힘을 덜 들이면서 성공했을 것이다.

두려움과 맞서라. 그러면 두려움은 분명히 사라질 것이다!

| 제6장 | **방향을 제대로 잡아라**

누구나 한 번쯤은 이런 말을 들은 적이 있을 것이다.

"엄마는 기막히게 음식을 잘 만드시는데 정확한 방법을 가르쳐주신 적이 없어. 그저 이것저것 조금씩 넣어서 만든다고만 하시지. 그런데도 반찬이든 국이든 언제나 맛이 끝내준단 말이야."

어머니에게는 노하우가 있는 것이다. 그렇다면 지식과 노하우는 어떤 차이가 있을까? 그것은 사실상 성공과 실패의 차이와 같다.

노하우란 무엇을 어떻게 하는지 안다는 의미가 아니다. 바로 행동지침이다. 노하우란 어떤 것을 기술적, 효과적으로 최소한의 시간과 노력을 들여서 올바르게 하는 것을 말한다. 당신에게 노하우가 있다면 어떤 것을 계속해서 성공적으로 할 수 있다. 노하우도 일종의 습관이기 때문에 당연히 경험으로부터 나온다.

그런데 어떻게 해야 노하우를 개발할 수 있을까?

무조건 해보는 수밖에 없다. 그것이 내가 보험을 판매할 때 필요한 노하우를 개발한 방법이었다. 또한 그것이 엄마가 기막히게 요리를 잘하는 방법이기도 하다. 이것이야말로 노하우를 개발할 수 있는 사실상 거의 유일한 방법이다.

필요한 것이 어디에 있는지 알아야 한다

나는 중도에 고등학교를 그만두었다(이유는 나중에 말하겠다). 고등학교를 그만둔 지 얼마 안 되어 야간대학 법학과에 들어갔다. 당시 디트로이트 법과대학은 졸업하기 전에 다른 곳에서 4년제 고교 과정을 마친다는 조건으로 입학을 허가하고 있었다. 그래서 낮에는 일하고 밤에는 학교에 다녔다. 하지만 숙제를 제대로 하지 못해서 우수한 학생은 아니었다.

디트로이트 대학에서 가장 뛰어난 계약법 학자였던 교수는 첫 시간에 이렇게 말하였다.

"법학과의 학습 목표는 법이 필요할 때 관련 법률이 어디에 있는지 찾을 수 있도록 가르치는 것입니다. 여러분이 그것을 제대로 배우면 우리 학과의 목표는 달성됩니다."

나는 교수의 말을 글자 그대로 받아들였다. 지금 생각해 보면 보험을 판매하며 필요한 관련 법을 찾아서 유용하게 사용했으므로 법학과 1년 과정을 수료한 수많은 학생 중에서 나만큼 덕을 본 사람은 없을 것이다.

나는 법학과에서 습득한 지식을 상식에 적용하는 노하우를 개발했다. 내 기억에 법률적인 문제가 제대로 풀리지 않은 보험 건은 하나도 없었다. 당시 나는 독자적인 보험대리점을 운영하고 있었는데, 내가 대리하던 보험회사는 이 노하우의 덕을 톡톡히 보았다.

패배를 승리로 바꾸기

이야기를 하다 보니 중학교에서 매번 낙제할 뻔했던 한 소년의 이야기가 생각난다. 고등학교를 졸업할 수 있었던 것이 그나마 다행스런 일이었다. 그는 주립대학 1학년 첫 학기에 낙제하고 말았다. 자신에게 실망하였으나 한편으로는 다행이었다. 낙제로 인하여 마음속에 불만족에서 오는 자극이 생겼던 것이다.

그는 자기에게 성공할 능력이 있다고 믿었다. 오랜 시간 생각한 후에 잃어버린 시간을 만회하려면 태도를 바꾸어 열심히 해야 한다는 것을 깨달았다. 새롭게 마음먹고 단기대학에 들어가서 열심히 공부하였다. 꾸준히 노력한 결과 2등으로 과를 졸업하였다.

그러나 그는 거기서 멈추지 않았다. 입학 허가받기가 대단히 까다로운 몇 개의 유수한 대학에 입학허가 신청서를 제출했다. 어느 대학의 학생과장이 그의 입학허가 신청서를 보고 회신을 보냈다.

'매년 실패만 했는데 단기대학에서 어떻게 좋은 성적을 받을 수 있었습니까?'

그는 이렇게 답장을 보냈다.

'처음에는 꼬박꼬박 공부하는 것이 정말 중노동이었습니다. 하지만 하루하루 애를 쓰면서 몇 주가 지나자 공부하는 게 습관이 되었습니다. 그러다 보니 정기적으로 공부하는 게 자연스러워졌지요. 공부가 기다려지는 때도 있었습니다. 성적 때문에 학교에서 '괜찮은 학생'으로 보이는 게 재미있었습니다.

저는 과에서 1등을 하겠다는 목표를 세웠습니다. 아마 일리노이 대학 1학년 때 낙제한 충격이 저를 깨운 모양입니다. 그때부터 저는 성장하기 시작했습니다. 저는 단지 내게도 능력이 있다는 것을 스스로에게 증명하려고 했을 뿐입니다.'

올바른 정신 자세와 단기대학에서의 좋은 성적 때문에 젊은이는 대학에 입학했고 그곳에서도 부러움을 살 만한 성적을 올렸다.

이 경우는 학교 성적이 부진했던 한 소년이 공부에 필요한 지식과 원칙을 습득하는 동기의 과정을 보여준다. 그가 특정 단기대학을 선택한 이유는 공부 습관을 기르기에 좋은 환경이었기 때문이다. 하지만 그런 노하우를 얻은 것은 지속적으로 노력한 자신이었다. 그리고 패배를 승리로 바꾼 것도 오로지 자신이었다.

연습으로 장애 극복하기

레이먼드는 어렸을 때부터 병약하고 신체에 장애가 있었다. 어른이 되어서도 여전히 척추장애가 있었으며 다리도 한쪽이 짧았고 시력 역시 좋지 않아서 도수 높은 안경을 껴야 했다. 그러나 이런 장애에도 불구하고 그가 다니는 남감리교대학 미식축구팀에 들어가기로 결심하였다.

끊임없이 노력하고 열심히 운동하고 1년 내내 트레이닝을 계속한 결과 대학 축구팀에 들어가게 되었다. 그러나 레이먼드는 여기서 만족하지 않고 프로축구 선수가 되기를 원했다. 졸업반이 되어 미식축구 신인 드래프트에 참가했지만 19차까지 지명받지 못하다 20차에 겨우 볼티모어에 지명되었다.

레이먼드가 주전은 고사하고 팀에 들어갈 수 있다고 생각한 사람조차 없었다. 하지만 레이먼드의 의지는 단호했다. 척추 보호벨트를 차고, 똑바로 걸을 수 있도록 구두 밑창을 덧대고, 콘택트렌즈를 끼고 달리면서 패스받는 연습을 끊임없이 반복했다.

팀 연습이 없는 날이면 근처 축구장으로 가서 고등학교 선수들에게 자기에게 공을 던지라고 부탁하곤 했다. 호텔 같은 곳의 로비에 서조차 공을 들고 다니며 손의 감각을 익히려 노력하였다.

결과는 어떻게 되었을까? 레이먼드 베리는 미식축구 리그에서 최고의 리시버가 되었다. 볼티모어 팀이 1958년과 1959년에 리그 챔피언이 되었을 때 그는 스타였다! **레이먼드가 최고의 리시버가 된 이유는 하나였다. 연습, 연습, 또 연습이었다.**

'노하우를 개발하는 것은 연습이다. 연습이 완벽을 만든다'는 격언은 연습이 기술을 향상시키고 연마시키기 때문에 생겨났다.

3에서 1이 빠지면 3이 아니다

어떤 수의 조합에서 숫자 하나가 빠지면 조합이 안 된다는 것은 누구나 알고 있는 사실이다. 3중창에서 한 파트가 빠지면 3중창이 아닌 것처럼. 절대로 실패하지 않는 성공시스템도 3중창이다. 행동에 필요한 자극, 노하우, 행동지침 중 어느 한 요소라도 부족하면 완벽한 성공전략이 될 수 없다.

한 분야에서 성공한 사람이 다른 분야에서는 실패할 가능성이 있는 이유가 바로 여기에 있다. 그들은 경험을 통하여 기술을 습득하였고 그래서 자기 분야의 정상까지 올라갔다. 그러나 그들은 다른 비즈니스를 시작할 때 새로운 활동에 필요한 지식과 경험 쌓기를 주저한다.

나는 법률학교에서 성공의 세 가지 요소 중 한두 가지가 부족해서 좋은 성적을 얻지 못하였다. 하지만 비즈니스에서는 필요한 세 가지 요소를 찾아서 활용할 동기가 있었다. 한두 가지 요소가 부족해서 낙제했던 그 학생도 세 가지 요소를 조합하여 활용하자 패배를 승리로 바꾸었다. 레이먼드는 자극이 있었기 때문에 지식을 구하였고 노하우를 습득하였으며 마침내 세 가지의 마법적인 요소를 활용하여 최고의 리시버가 되었다.

내가 만난 사람들 가운데 리처드 픽커링은 진정한 의미에서 신사이며 인격자였다. 그는 생명보험 상담사로 최고의 성공을 거두었다. 그는 언제나 '고객에게 가장 적합한 것은 무엇인가?' 라는 질문을 스스로에게 던진 다음 답에 따라서 고객에게 상품을 권하였다. 수년간 판매 수당을 회사에 적립하면서 그에 따른 주식평가 차익으로 어지간한 재산을 모았다.

60대에 들어서자 그는 시카고에서 플로리다로 이사하였다. 당시 플로리다에서는 식당업이 호황이라 아는 것은 거의 없었지만 식당을 운영해 보고 싶었다. 그의 유일한 경험은 고객을 상담한 것뿐이었다.

그는 열정이 대단해서 하나로는 만족하지 못하고 동시에 5곳의 식당을 운영하였다. 주식을 팔아서 식당 사업에 모두 투자하였다. 그러나 5개월도 되지 않아서 사업은 거덜 나고 그는 파산하였다.

픽커링 씨의 경험은 성공 가도를 달리던 사람들이 새로운 사업을 시작하기 전에 필요한 지식과 노하우 습득을 제대로 하지 않은 사람들의 경우와 별 차이가 없다. 만약 그가 식당업 전문가 밑에서 식당 운영에 관한 전반적인 일을 배웠더라면 오래지 않아 지식과 경험을 쌓았을 것이고 그토록 허망하게 실패하지도 않았을 것이다. 픽커링 씨는 이성적인 사람이어서 지식과 노하우가 있는 생명보험 상담사로 돌아갔다.

다른 친구의 경우를 보자.

그는 대학에 다닐 때부터 경험을 쌓아서 비즈니스에 필요한 지식과 노하우를 습득하였다. 그가 가졌던 자기 동기요인이 아직도 그로 하여금 활동하게 하는 것을 보면 당신도 흥미를 느낄 것이다.

"자네는 기백이 있어. 됐어!"

"'자네는 기백이 있어. 됐어!' 이 말이 저를 분발케 했습니다."

칼 엘러가 최근 조찬 인터뷰에서 한 말이다. 그는 엘러 옥외광고 회사 사장으로 이제 막 33세가 되었다.

그날 아침, 내가 칼과 부인을 인터뷰한 이유는 그가 포스터 클라이저 광고회사의 애리조나 지국을 5백만 달러에 매입했다는 소식을 들었기 때문이었다. 인터뷰하는 내내 화기애애했으며 많은 정보를 얻었고 고무적이기도 하였다.

　제가 투손 고등학교 신입생이었을 때 이런 일이 있었습니다. 저는 미식축구를 잘 몰랐습니다. 선발시합에서 유니폼도 없었으니까요. 그런데 어쩌다 보니 상대의 간판 선수가 제가 있는 곳으로 오기에 태클을 걸었지요. 아주 강하게 부딪쳐서 그 친구를 넘어뜨렸습니다. 다음 차례에 그는 또다시 득점을 시도했는데 제가 또 그를 저지했지요. 그 친구 열 좀 받더군요. 그가 화를 낼수록 저지하기가 쉬웠어요. 그래서 여섯 번이나 그를 저지했습니다.
　연습이 끝나고 탈의실 벤치에 앉아서 양말을 신고 있는데 누군가 제 어깨에 손을 대기에 올려다보니 코치였어요.
　"자네 풀백 해본 적 있나?"
　"아니요, 없는데요."
　그러자 코치는 제가 평생 잊을 수 없는 말을 하더군요.
　"자네는 기백이 있어. 됐어!"
　그러고는 가버리는 거예요.
　'됐어? 뭐가 됐다는 말이지?' 자신에게 물어보았습니다. 다음 날 그 말의 의미를 알게 되었지요. 저는 '칼 엘러, 주전 풀백으로 출전'이란 소식을 듣고 깜짝 놀랐습니다. 코치가 부르더군요.
　그때 '자네는 기백이 있어. 됐어!' 라는 말이 생각났지요. '됐어' 라는 말은 코치가 저를 믿는다는 뜻이었고 저에게 중요한 포지션을 맡김으로써 자신의 믿음을 뒷받침했던 겁니다. 저는 코치를 실망시킬 수 없었습니다. 그분이 저를 믿는 만큼 저도 자신을 믿게 되었지요. 그 후로 제 능력에 회의가 오거나 상황이 어려울 때, 일을 하기는 해야겠는데 정확한 방법을 모를 때면 저는 이렇게 말한답니다.

"너는 기백이 있어. 그래, 됐어!"

그러면 자신감이 되살아나지요. 투손 고등학교의 로널드 그리들리 코치는 사람이 최선을 다하게 하는 방법을 알고 계셨습니다. 우리는 33게임 연승했습니다. 그리고 주 챔피언십 15개 중 14개를 석권했지요. 어떻게 그럴 수 있냐고요? 그리들리 코치는 우리 각자가 가지고 있는 소질을 어떻게 발산시켜야 하는지 아셨거든요.

이야기가 끝나자 내가 물었다.

"대학에서도 계속 일을 했나요?"

"애리조나 대학에서 저는 방값을 낼 필요가 없었습니다. 심판이셨던 피켓 씨가 잔디밭 풀을 깎아주는 대가로 차고를 쓰게 해주셨거든요. 학생회관 식당에서 서빙을 했기 때문에 식비도 안 들었습니다. 거기서 아내인 샌디를 만났지요."

그때 샌디가 말을 꺼냈다.

"칼이 대학에서 번 돈이 졸업 후 첫 직장에서 번 돈보다 더 많았답니다. 칼은 대학에서 25명의 학생을 고용했어요. 캠퍼스 내의 모든 허가업종을 실제적으로 통합시킨 거지요. 핫도그라든가 음료, 캔디, 아이스크림 등등요. 또 스포츠 프로그램 정보를 담은 책자를 만들어서 1부에 4달러씩 한 학기에 600부를 팔았습니다. 책자 발간과 광고를 판매해 보았기 때문에 졸업 후에 광고업계에 뛰어들게 된 거죠."

나는 이 말을 알아들을 수 있었다. 젊고 호감이 가는 젊은이는 투손의 모든 사업가들이 만나고 싶어 하는 사람이었다. 그래서 그가 스포츠 책자나 대학에서 발간하는 잡지와 신문에 광고를 요청하면 그들은 기꺼이 요청을 받아들였다. 칼은 뛰어난 세일즈맨이어서 거래처와의 계약을 매년 유지할 수 있었다.

졸업 후 칼은 시카고의 선두 광고업체에 일자리를 구하려고 했는데 주급이 25달러였다. 실망한 그는 투손에 있는 포스터 클라이저 옥외광고회사에 자리를 얻었다.

그의 실적은 괄목할 만하였고 세일즈맨으로서 그의 입지도 강화되었다. 그는 피닉스 지점의 영업부장으로 있다가 샌프란시스코 본사의 전국 총괄 영업본부장을 거쳐 스물아홉 살 때 시카고 지사의 부사장 겸 관리본부장으로 승진하였다.

그때 회사 경영진이 바뀌면서 사장 자리를 놓고 나이는 많지만 경험이 풍부한 사람과 칼이 물망에 올랐다. 결국 나이 많은 사람이 사장이 되자 칼은 사표를 내고 다른 광고회사로 자리를 옮겼다. 전국 모임에서 칼은 포스터 클라이저 회사의 애리조나 지부가 매각될 것 같다는 소리를 들었다.

"그게 기회였지요."

칼이 말했다.

"하지만 어떻게 해야 할지 몰랐습니다. 그리고 거기에 필요한 비용도 엄청났고요. 그때 다시 '자네는 기백이 있어. 됐어'라는 말이 떠올랐습니다.

샌디와 저는 애리조나를 좋아했지요. 그래서 저는 이 기회를 꼭 잡아야겠다고 생각했습니다. 저는 하고 싶은 것을 알고 있었고 성공하리라는 것도 알고 있었으니까요. 하지만 무엇보다도 자신만을 위한 사업을 하고 싶다는 욕망이 컸습니다. 마음 깊은 곳에서 지금까지는 남을 위해서 일했으니 이번에는 자신을 위해서 일하라는 소리가 끊임없이 들려왔습니다. 그런데 막상 시작 단계부터 무엇을 어떻게 처리해야 하는지 방법을 몰랐습니다. 실제로 저는 돈만 빼고 다른 것은 다 가지고 있었어요. 지식, 노하우, 경험, 명성, 좋은 친구들, 그리고 투손 지역의 사업가들 말입니다."

"돈은 어떻게 조달했나요?"

"제 친구 중 하나가 시카고의 해리스 신탁저축은행 대부계에 있어서 그 친구의 소개로 관련 책임자를 알게 되었고, 그 결과 해리스 신탁과 피닉스의 밸리 국민은행 사이에 5년에 걸친 공동 대출 약정이 이루어졌습니다. 그 후 제 친구 9명이 매입에 참여했습니다. 약정서에는 제가 5년 이내에 언제든지 그들의 주식을 매입한 가격으로 사들일 수 있는 권리가 있었어요. 옥외광고 사업 특성상 그들에게는 세금 및 다른 우대 혜택이 많았습니다. 그래서 제가 권리를 행사한다고 해도 그 약정은 서로에게 이익이 되었던 겁니다."

칼 엘러의 이야기에서 알 수 있듯이 어떤 문제를 풀거나 사업에서 성공하려 할 때 모든 해답을 미리 알고 있을 필요는 없다. 길을 제대로 찾아서 가다 보면 답이 보이기 마련이다.

해답을 다 알고 있을 필요는 없다

이미 말했듯이 문제를 풀거나 목표에 도달하려고 할 때 해답을 미리 알고 있을 필요는 없다. 하지만 관련된 문제나 도달하고자 하는 목표에 대한 명확한 생각은 가지고 있어야 한다. 그러므로 미래를 단기, 중기, 장기 단계별로 나누어 진정 원하는 것이 무엇인지 결정하라. 만약 구체적이고 확실한 목표를 세우기 어렵다면 일반적이거나 추상적인 목표를 정해도 좋다.

예를 들어 육체적·정신적·도덕적 건강을 유지한다든가, 돈을 번다든가, 인격자가 된다든가, 훌륭한 시민·자식·부모가 된다든가 하는 것들이다. 이러한 일반적인 목표가 무엇이든지 간에 즉각적인 목표가 되어야 한다.

누구나 즉각적이고 구체적인 목표가 있다. 예를 들어, 당신에게는 내일 하려고 하는 것, 다음 주 혹은 다음 달에 하고 싶은 것이 있다면 구체적이고 즉각적인 목표를 적어보자. 목표가 달성되면 당신은 미래에 얻고자 하는 건강, 부, 행복 등에 보다 가까이 다가가는 것이다. 하지만 먼저 하고 싶은 것이 있어야 한다.

가장 중요한 성공 요소

지식과 노하우가 있어도 성공하지 못하는 사람들이 있다. 무엇을 할 것인지 어떻게 하는지도 알지만 하고 싶지 않다면 행동에 필요한 자극을 얻지 못한 것이다. 거듭 말하지만 성공하고자 할 때 가장 중요한 요소는 행동에 필요한 자극이다. 그리고 이런 자극은 의지로 개발할 수 있다. 영감을 얻은 사람은 모든 장애를 극복할 수 있다. 그에게는 전진하려는 힘이 있기 때문이다.

다음 장에서 제시하는 방향을 따르면 당신은 스스로 전진하는 힘을 만들어낼 수 있다.

성공 능력을 키우는 지렛대의 원리

노하우는 절대로 실패하지 않는 성공시스템의 3대 요소 중 하나이다. 하지만 그게 정확히 뭘까? 그리고 어떻게 해야 얻을 수 있을까?

노하우는 의지를 가지고 기술적이고 효과적으로 최소한의 시간과 노력을 들여 무엇인가를 할 수 있게 만드는 힘이다. 노하우는 성취하기 위해 시작한 것을 언제나 성취할 수 있게 만든다. 노하우는 다른 사람들이 '그게 가능할까?' 하며 의심하는 동안 그 일이 되게끔 한다. 노하우는 이집트의 피라미드와 유럽의 대성당들을 지었고, 대서양을 횡단하여 비행하였고 원자를 분열시켰으며, 우주에 사람을 보냈다. 그리고 언젠가는 당신에게도 성공을 가져다줄 것이다.

노하우는 어떻게 얻느냐고? 노하우는 얻는 것이 아니라 쌓는 것이다. 해보면, 경험하면, 행동하면 노하우가 당신 곁에 바싹 다가와 있는 것을 알게 된다. 노하우가 생기면 그것의 놀라운 힘을 체험하게 될 것이다.

| 제7장 |　　　　　　**실천력**

"뛰어! 어서 뛰어! 뛰라고!"

시카고 화이트삭스[1]의 벤치에서 고함 소리가 터져 나왔다. 타자는 무조건 달렸다. 그는 외야수가 던진 공보다 빨리 뛰어 3루에서 안전하게 세이프되었다.

'뛰어! 어서 뛰어! 뛰라고! 화이트 삭스여!'는 열성팬들의 응원가가 되었고 이에 힘을 얻은 화이트 삭스는 한 게임 한 게임 승리하며 마침내 아메리칸 리그 챔피언이 되었다.

'뛰어! 어서 뛰어! 뛰라고! 화이트 삭스여!'는 선수들에게 더 열심히 뛰도록 동기를 부여하였다.

동기부여란 의욕을 불러일으키거나 동기를 제공해서 행동하도록 만드는 힘이며, 행동하도록 자극하는 생각이나 감정, 욕구, 또는 충격과 같은 내적 충동이다. 그것은 구체적인 결과를 만들어내기 위한 과정에서 최초의 출발점이며 또는 특별한 어떤 힘이다.

---

[1] Chicago Whitesox. 1901년 창단되어 미국 일리노이 주 시카고를 지역 연고로 하는 프로야구팀

혼합된 감정이 실천력을 강화한다

열렬한 애국심의 경우처럼 사랑, 믿음, 분노, 증오 같은 강렬한 감정들이 섞일 때 발생하는 힘은 평생 지속되는 경향이 있다. 이것은 공산주의의 멍에를 메고 있으면서도 자유를 사랑하는 현대인들의 경우를 보면 사실임을 알 수 있다. 또한 그것은 과거의 애국자들을 보아도 알 수 있다. 그런 예에 알맞은 이야기가 있다.

어느 날 아이는 코사크인들이 갑자기 마을로 쳐들어와 부모가 잔인하게 살해되는 장면을 목격하였다. 아이는 집에서 도망 나와 필사적으로 달렸으나 코사크인 한 명이 따라와 채찍으로 치는 바람에 땅에 넘어져 정신을 잃었다. 아이가 의식을 되찾았을 때 본 것은 불타고 있는 자신의 집이었다. 그 순간 아이는 폴란드를 러시아로부터 해방시키겠다고 맹세하였다.

폴란드의 자유는 아이의 집념이 되었다. 아이가 겪은 공포와 슬픈 광경은 어른이 된 후에도 마음에서 지워지지 않았다. 그 기억은 그로 하여금 행동하게 만들었다.

위대한 피아니스트였던 이그나치 얀 파데레프스키[2]는 1919년 1월에 새로운 폴란드 공화국의 수상 겸 외무장관이 되었고 나중에는 폴란드 국가평의회 의장이 되었다. 그가 바로 폴란드를 러시아로부터 해방시키겠다고 맹세한 아이였다. 파데레프스키는 자신을 행동하게 만드는 힘 - **실천력** - 을 가지고 있었다.

---

2) Ignacy Jan Paderewski. 1860-1941. 폴란드의 피아니스트, 작곡가. 제1차 세계대전 발발 직후인 1919년에 폴란드 공화국의 탄생과 동시에 초대 수상이 되었다.

당신도 실천력을 가지고 있다. 이 장에서 어떻게 하면 실천력을 만들고 강화시키는지 배우게 될 것이다.

실천력이란 사람으로 하여금 모든 보람 있는 일을 성취하게 만드는 내적 충동이다. 내적 충동으로 부와 건강과 행복을 얻을 수 있으며 타인에게 좋은 일도 할 수 있다. 행동에 필요한 자극이 강렬하면 강렬할수록 그 자체로 동기를 부여받기 때문이다. 내적 충동 중에서 가장 위대한 동기요인은 사랑이다.

가장 위대한 동기요인

6학년이 되자 나는 미래의 꿈을 법률가로 정하였다. 고등학교에서 논리력을 키워주는 수학, 미래를 바라보는 데 도움이 되는 역사, 생각을 제대로 표현할 능력을 기를 수 있는 작문, 그리고 인간의 심리작용을 이해할 수 있는 심리학 같은 과목에 흥미를 가졌다. 더불어 토론 클럽에 가입하여 토론의 달인이 되었다.

후에 디트로이트 법과대학에 들어갔으나 1년 만에 중퇴하였다. 24세 때 결혼하기로 결심했었는데 누군지는 알 수 없지만 결혼하려는 여자가 내 생애에 가장 중대한 영향을 끼칠 것이라고 생각하고 있었다. 물론 누구에게나 적용되는 사실이다. 여자나 남자에게 남편이나 아내는 가장 큰 환경적 영향 요소이기 때문이다.

법과대학을 중퇴한 이유는 변호사가 되어도 적어도 35세까지는 큰돈을 벌 수 없다는 것을 알았기 때문이었다. 변호사가 고객을 끌어들이는 것은 비윤리적이지만 세일즈맨이 되면 원하는 만큼 모든 잠재고객을 방문할 수 있다. 얼마를 벌든 수입은 나의 능력과 노력에 달려 있었고 또 세일즈에는 자신이 있었다. 게다가 곰곰이 생각해 보니 세일즈로 충분히 벌어서 저축하면 30세에 은퇴하여 학교로 돌아가서 법률을 공부한 다음 법률 행정 쪽의 이력을 쌓을 수 있겠다는 판단이 섰다. 그리고 스스로 다짐하였다. 그때는 사건을 억지로 맡는 것이 아니라 내가 맡고 싶은 소송만 다루겠다고.

제시와 나는 센 고등학교에서 만났다. 나는 센 고등학교를 2년 다니다 디트로이트로 가서 노스웨스턴 고등학교에 들어갔다. 우리는 자주 편지를 주고받았다. 제시는 어머니와 함께 나와 어머니를 찾아왔고 나도 여러 번 시카고로 여행을 갔다. 방문 횟수가 잦아지면서 결국 시카고에 나만의 보험대리점을 내는 것이 가장 좋은 방법이라고 결론을 내렸다. 어머니는 미국 재해보험회사와 뉴암스테르담 재해보험회사에서 함께 비즈니스하던 해리 길버트에게 편지를 쓰셨다. 해리 길버트는 미국의 선 발행 상해보험의 원조였다.

길버트 씨는 일리노이에서 내가 두 회사의 대리점을 맡으면 좋겠다고 회신했으나 나는 먼저 시카고에 있는 총대리인에게서 재택근무 허가를 받고 싶었다. 총대리인은 이미 단독 대리점 망을 가지고 있었다.

바라는 것이 있으면 그것을 추구하라

총대리인과 만날 약속을 하였다. 나는 그를 납득시켜야만 했다. 내가 계획한 프로그램은 그의 허가 여부에 달려 있었다. 나는 세일즈맨이라 무언가 바라는 것이 있으면 그것을 추구해야 한다는 것을 경험으로 알고 있었다. 총대리인은 무척 친절하였고 나는 그의 말을 결코 잊을 수 없다.

"허가는 내주겠소. 하지만 6개월 안에 영업을 접을 겁니다. 시카고에서 영업하는 것은 어렵습니다. 당신이 대리점을 지정하면 골치만 아프고 돈만 날릴 거요."

나는 그가 내 기회를 훼방 놓지 않은 것에 감사했다. 마침내 1922년 11월에 컴바인드 레지스트리 컴퍼니라는 회사를 차렸다. 운영자금은 100달러였지만 빚은 없었고 리처드 픽커링 씨로부터 책상 놓을 자리를 월 25달러에 임대해서 유지비가 적게 들었다. 픽커링 씨는 내게는 영감 그 자체였다. 그는 나에게 좋은 충고를 많이 해주어서 큰 도움이 되었다.

예를 들어, 건물 로비에 내 이름을 올릴 때가 되자 그가 물었다.

"당신 이름을 어떻게 쓰면 되겠소?"

"C. Stone이 좋겠습니다."

이미 학교 때부터 그런 식으로 서명하고 있었다.

"뭐 부끄러운 게 있습니까?"

"무슨 말씀이신지요?"

"첫 이름과 가운데 이름도 있잖습니까?"

"예, William Clement Stone입니다."

"C. Stone이라는 이름이 미국 전체에 수천 개는 될 거라고 생각해 본 적이 있나요? 하지만 W. Clement Stone은 하나뿐일 겁니다."

그의 말에 자존감이 살아났다. 단 하나뿐인 W. Clement Stone이라…. 그때 이후로 나는 그렇게 서명하고 있다.

결혼식은 6월에 하기로 하였다. 하지만 그 전에 가능한 한 많은 돈을 벌고 싶었기 때문에 시간을 낭비하지 않았다. 개업 첫날 나는 사무실에서 몇 블록밖에 안 떨어진 로저스 파크 안의 노스 클라크 거리에서 영업하고 있었다. 그날 나는 54건을 계약했다. 그 결과 시카고가 세일즈하기 쉬운 곳이며 따라서 6개월 이상 더 버틸 수 있다고 생각했다.

나는 내 일을 하고 사랑하는 여자와 결혼하기 위하여 돈을 벌어야 한다는 동기요인이 있었다. 이것은 이해가 될 것이다. 왜냐하면 당신은 당신 자신에게 동기를 부여할 사유를 이용할 수도 있고 또 다른 사람에게 동기를 부여할 사유에 어필할 수도 있기 때문이다. 하지만 당신을 행동하게 만드는 것, 즉 실천력은 당신의 느낌과 감정과 직관과 뿌리박힌 습관과 같은 내적 충동이다.

감성에 호소하라

다른 사람에게 영감을 주어서 바람직한 행동을 하게 만드는 가장 좋은 방법 중 하나는 그 사람의 감정에 진실한 이야기로 호소하는 것이다.

어떤 세일즈 미팅에서 진 클레어리라는 사람이 쓴 편지를 읽어주자 감동을 받은 세일즈맨들이 더욱 분발하게 되었다.

6주 전에 여섯 살 된 딸 파멜라가 나한테 와서 말했습니다.

"아빠, 언제 루비[1]가 될 거예요? 언제쯤 한 주일에 100건을 올릴 거예요? 아빠, 나는 매일 밤 하느님에게 아빠가 루비가 되게 해달라고 기도해요. 정말 오랫동안 하느님께 기도했는데 하느님은 아빠를 도와주시지 않는 것 같아요."

한 어린 아이의 하느님에 대한 믿음, 한 어린 아이의 아버지에 대한 믿음은 그렇게 순결하고 정직하고 진지했습니다. 나는 오래 생각한 다음 딸에게 대답했습니다. 그 애가 왜 하느님이 도와주지 않는지 혼란스러워한다는 것을 깨달았기 때문입니다.

"얘야, 하느님은 아빠를 도와주고 계셔. 그런데 아빠가 하느님을 도와드리지 못하는 것 같구나."

사실상 저는 저 자신마저도 도와주지 않았습니다. 결국 실패의 대가를 치렀습니다. 왜냐고요? 노력은 하지 않고 그저 핑계만 대고 있었거든요. 열심히 일하지 않고 늘 남 탓만 했습니다. 사람이 이렇게까지 장님이 될 수 있을까요? 저는 그때 결심했습니다.

진은 자기에게 실천력을 준 딸의 깊은 열의에 자극을 받아 달성한 수많은 성취기록을 편지 말미에 나열하였다.

믿음은 숭고한 동기요인이다. 진은 루비가 되었고 딸의 기도는 응답을 받았다. 진은 언제나 실천력을 지니고 있었다. 누구나 실천력을 가지고 있다. 하지만 진의 생각 속에 들어 있는 불만족에서 오

---

[1] 정해진 기간 내에 세일즈 실적과 수입이 좋은 사람에게 수여하는 상

는 자극에 불을 당긴 것은 딸의 암시였다. 딸의 암시는 행동에 필요한 자극을 점화시켜서 실천하게 만들었고 결국 성과를 올리게 하였던 것이다. 믿음을 바탕으로 한 기도는 사람이 가지고 있는 감정의 추진력을 강하게 만들어준다.

딱 들어맞는 사례가 있다. 그 일은 얼마 전에 푸에르토리코의 산후안에서 일어났다. 그때 나폴레온 힐과 나는 사흘 밤에 걸쳐 '성공의 과학'이라는 세미나를 주재하고 있었다. 둘째 날 밤 우리는 모든 청중들에게 다음 날까지 배운 원칙들을 실제로 적용해 보고 결과를 알려달라고 주문했다.

셋째 날 밤 발표하겠다고 자원한 사람들 중에 회계사가 한 사람 있었는데, 그가 발표한 내용은 다음과 같다.

오늘 아침 사무실에 가니까 저하고 같이 세미나에 참석하고 있는 부장님께서 저를 부르셨습니다.

"어제 우리가 배운 긍정적인 정신 자세(PMA)가 과연 현실에 맞는지 보자고. 자네도 알다시피 3천 달러짜리 수금이 몇 달이나 지연되고 있어. 수금해야 하지 않겠어? 회사 책임자를 찾아가서 긍정적인 정신 자세를 활용해 보라고. 스톤 씨가 말한 것처럼 '지금 당장 하라!'는 적극성을 발휘해 봐."

저는 지난밤 스톤 씨가 누구나 자기의 잠재의식으로 하여금 자신을 위하여 일하게 할 수 있다고 하신 말씀에 무척 감명받았습니다. 그래서 부장님이 저더러 수금하러 나가라고 하셨을 때 세일즈도 함께 해보기로 작정하였지요.

사무실을 나와서 집으로 갔습니다. 조용한 집안에서 하려는 일을 명확하게 정리하였습니다. 그리고 수금도 하고 세일즈도 큰 건으로 하나 올리게 해달라고 진지하면서 기대에 찬 기도를 드렸지요.

저는 구체적인 결과를 얻을 것이라고 믿었습니다. 그리고 실제로 그렇게 되었습니다. 3천 달러도 수금하고 4천 달러가 넘는 세일즈도 했으니까요. 제가 떠날 때 회사 책임자가 이렇게 말하더군요.

"당신은 정말 사람을 놀라게 하는군요. 당신이 사무실에 들어올 때 나는 뭘 사겠다는 생각이 없었어요. 당신이 세일즈맨인지도 몰랐고, 내가 알기로 당신은 그저 회계 담당 과장이었는데…."

그것이 제가 직장생활하면서 처음 해본 세일즈였습니다.

회계사는 교육받던 날 용기를 내 이렇게 질문했던 사람이었다.

"어떻게 해야 잠재의식으로 하여금 나를 위해 일하게 만들 수 있습니까?"

나는 그 사람에게 이렇게 말했다.

"목표를 정하세요. 불만족에서 오는 자극을 찾으세요. 자기 동기 요인을 찾아서 적극적으로 지금 당장 하세요!"

그 사람이 또 배운 것은 구체적이고 즉각적인 목표를 정해서 당장 밀고 나가라는 것이었다. 그리고 그는 아래와 같은 것도 배웠다.

1. 반복적으로 말을 하면 잠재의식에 영향을 줄 수 있다. 잠재의

식은 특히 감정적인 긴장 속에서 또는 감정적으로 주어진 자기암시의 영향을 받는다.

2. 사람이 가지고 있는 가장 큰 힘은 기도의 힘이다.

그는 경청하였고 시간을 들여 깊이 숙고하였다. 그는 그 원칙들을 이해하고 받아들였다. 그는 진지하고 경건하게 그리고 겸손하게 신의 도움을 구하는 기도를 드렸다. 그는 도움을 받으리라고 믿었고, 믿었기 때문에 도움을 받았다. 그리고 도움을 받고 나서는 잊지 않고 진지하게 감사의 기도를 드렸다.

영감은 지식과 노하우를 낳는다

'성공의 과학' 세미나가 이어지던 어느 날 밤, 그 도시의 유명한 라디오 방송국에서 파트타임으로 디스크자키를 하는 어떤 음악 선생이 벌떡 일어나서 질문하였다.

"어떻게 긍정적인 정신 자세가 저를 도울 수 있습니까? 현재 음악 선생으로서 주당 100달러 이상 벌 수 있다고 기대하는 것은 불가능합니다. 평범한 음악 선생이라면 대개 그렇습니다."

나는 즉시 대답하였다.

"선생님 말씀이 맞습니다. 선생님은 주당 100달러 이상 벌지 못하실 겁니다. 선생님께서 그렇게 믿으신다면 말이지요. 하지만 선생님께서 250달러, 300달러, 350달러 또는 어떤 구체적인 금액을 벌 수 있다고 믿으신다면 주당 100달러를 버는 것과 똑같이 쉬울 수도 어려울 수도 있습니다. 나폴레온 힐이 말한 유명한 자기 동기 요인을 외우세요. '누구나 마음이 느끼고 믿는 것을 이룰 수 있다.' 온종일 이 말을 여러 번 반복하십시오. 감정과 느낌을 넣어서 오늘 밤 적어도 50번 말하십시오. 그리고 나서 목표를 정하세요. 목표는 높게 잡으십시오. 그리고 행동으로 옮기세요. 그런 후 나중에 결과를 알려주시기 바랍니다."

3개월 반이 지났을 때 음악 선생으로부터 편지가 왔다.

'긍정적인 정신 자세를 가지게 되면서 미로에서 빠져나왔습니다. 건강은 그 어느 때보다 좋고, 지난 10주 동안 저의 평균 수입은 주당 370~380달러였습니다. 일에 시간이 많이 들어가지만 저는 대단히 즐겁고 항상 긍정적인 자세를 유지하고 있습니다.'

그 음악 선생이 "어떻게 긍정적인 정신 자세가 저를 도울 수 있습니까?" 하고 물은 날 밤, 그는 내 대답을 그냥 들은 것이 아니라 자기에게 주어진 메시지를 경청하였다. 그는 믿는다는 말에 들어 있는 올바른 정신 자세의 건설적인 힘을 깨닫고 이해하기 시작하였던 것이다. 그리고 그 힘을 활용하였다.

편지를 쓸 때도 그는 여전히 음악 선생이었다. 그렇다면 무슨 일이 있었던 것일까? 그런 일이 일어나게 만든 것은 누구였을까? 그는 암시에 반응하였던 것이다. 그는 내가 말한 대로 자기암시를 활용하였다. 그는 자기의 믿음을 '그건 안 돼'에서 '그건 돼!'로 바꾸었으며 또한 목표를 과감하게 높게 잡았다.

어느 날 오후 유명한 배우가 초대 손님으로 라디오 방송국에 나타났고 그 음악 선생은 행동에 돌입하기로 작정하였다. 그는 자발적으로 '지금 당장 하라!' 방식을 택하였다.

그는 악기를 잘 다룸으로써 음악을 사랑하고 행복을 느끼는 어떤 사람에 관하여 설명하였고 배우는 그 선생에게 자신에게도 음악을 가르쳐달라고 요청했다. 배우는 교습비를 낼 수 있었고 음악 선생은 학생의 편의에 맞게 시간을 조정하였다.

새로운 정신 자세를 갖게 되자 음악 선생은 원칙들을 이해하게 되었고 경험으로부터 노하우를 얻었다. 다른 유명 인사나 초대 손님이 방송국에 오면 음악을 사랑하는 법과 배우는 기쁨에 대하여 이야기하면서 제대로 가르침을 받으면 배우는 것이 아주 쉽다고 말해 주었다. 그는 단지 배우들에게 입증된 방식을 반복했을 뿐이었다. 그것이 바로 노하우인 것이다.

위와 같은 방식으로 음악 선생은 수입을 증대시킬 수 있는 지식을 습득하였다. 학교에서 음악을 가르치는 것 외에 부수입을 올릴 수 있는 다른 방법을 찾았고, 찾았기 때문에 발견할 수 있었다.

자발적으로 일하는 사람이 되라

'구하라, 그러면 찾을 것이다.' 보편적인 진리다. 이것은 자기 영감, 행동, 노하우 찾기, 지식 찾기에 모두 적용된다.

이 장의 사례를 보면 외부에서 온 암시가 개인으로 하여금 생각하게 만들었다. 당신이 떠올리는 생각, 입에서 나오는 말, 하는 일, 이 모든 것은 자기암시이다. 사람은 누구나 자기암시를 할 수 있는 능력이 있다. 그리고 이런 사고를 반복하고 계속해서 행동으로 옮기면 습관이 된다. 누구나 사고를 잘 조종하면 좋은 습관을 얻을 수 있으며 오래된 습관을 새로운 좋은 습관으로 대체할 수 있다.

예를 들어, 당신이 구체적인 어떤 선행을 할 생각이 있고 그 생각을 떠올릴 때마다 구체적인 행동을 함으로써 의식적으로 반응한다면 곧 선행하는 습관을 들이게 될 것이다. 이렇게 하는 것이 행동하도록 영감을 주는 내적 욕구를 의식적으로 개발하는 방법이다. 당신을 도와주는 것은 실천력이다. 당신은 그 힘을 만들고 사용하여 스스로 가치 있는 성취를 이룰 수 있다. 실천력은 개인이 가지고 있는 잠재의식의 힘을 무제한적으로 발휘하게 하는 내적 욕구이다.

성공 능력을 키우는 지렛대의 원리

나아가는 힘은 당신 영혼의 신비로운 발동기이다. 이 힘은 당신을 성공으로 이끄는 내적 욕구이다. 이 힘은 감정이나 욕망, 충동에서 나온다. 나아가는 힘을 기르려면 열흘 동안 매일 밤마다 '누구나 마음이 느끼고 믿는 것을 이룰 수 있다'는 말을 50번씩 반복하라.

나아가는 힘이 당신으로 하여금 선행하도록 이끌며 의식적으로 그렇게 반응하도록 하라. 그렇게 할 때마다 나아가는 힘을 작동하는 능력이 조금씩 쌓여서 마음먹은 대로 행동하게 될 것이다.

제3부
화려한 여정

...

8장 _ 날개를 달다
9장 _ 역경을 이겨내다
10장 _ 방법을 찾아라
11장 _ 인간의 길
12장 _ 원하는 곳으로 가는 방법

| 제8장 | **날개를 달다**

　30피트짜리 툰차 호는 조용히 헬싱키 항을 빠져나와 미국으로 향했다. 배에는 남자 6명과 여자 3명이 타고 있었다. 그중 한 사람만이 배를 타본 경험이 있었다. 각자는 쿠바를 떠나 자유를 향한 탈출에 기꺼이 생명을 걸었다.
　"산더미 같은 파도와 거센 광풍에 휩쓸리고, 바람이 잠잠해서 배가 꼼짝도 않거나 굶주림에 시달려도 툰차 호의 선원은 언제나 생존에 필요한 재주와 솜씨를 발휘했습니다."
　망명객 중의 한 사람인 템포 투렌이 자기가 쓴 책 『툰차 호』에서 한 말이다. 책의 이야기는 사실이기도 하고 상징적이기도 하며, 바다 이야기만이 아니라 인간 정신에 관한 이야기이기도 하다.
　템포 투렌과 나는 동업자였기 때문에 그가 책을 쓰기 훨씬 전에 툰차 호에 대하여 많은 이야기를 나누었다. 템포의 이야기를 들으면서 나는 이렇게 생각하였다.
　'내적 욕구의 힘에서 충분히 자극받아 행동으로 옮긴 결과 불가

능해 보이던 것을 가능하게 만든 또 하나의 경우가 여기 있구나.'

템포와 그의 동료들은 불가능해 보였던 것이 가능하다는 것을 증명하였다. 그들은 자유를 위하여 목숨을 걸겠다는 영감을 얻었던 것이다. 하지만 새로운 사업을 시작하는 많은 사람들처럼 그들도 지식과 노하우가 없었다. 지식은 배워야 하는 것이고 노하우는 경험을 통해서 습득하는 것이다.

당신에게 불타는 욕구가 있어서 목표에 도달하기 위한 행동을 하도록 당신을 몰아가면 지식을 얻을 방법이 보일 것이고 노하우를 쌓을 수 있는 경험을 하게 될 것이다. 헬싱키를 떠나기 전에 템포 투렌은 책을 읽고 경험 많은 선원들과 이야기를 나누면서 지식을 얻었다. 그리고 요트를 타면서 작은 배를 다루는 노하우를 배웠다.

당신도 그렇게 지식을 얻을 수 있다. 책을 읽든지 다른 사람과 이야기를 나누면서 지식을 습득할 수 있다. 그러나 툰차 호의 선원들처럼 진짜 노하우는 직접 부딪혀야 얻을 수 있다.

감자 수송용 배를 개조하여 만든 배로 헬싱키를 떠날 때 그들도 난관에 봉착하리라는 것을 짐작하고 있었다. 하지만 다행스럽게도 여정이 얼마나 위험한지는 몰랐다. 마치 당신이 멀리 떨어진 목표에 도달할 때까지 어떤 문제들과 맞닥뜨릴지 모르는 것처럼 말이다. 배고픔과 갈증, 폭풍우, 심지어 좌초할 뻔한 상황까지 갔지만 영감을 받은 템포 투렌과 동료들은 목적지에 도착하고야 말았다. 그들은 크게 성공한 사람들처럼 닥쳐오는 문제를 적극적으로 해결했다. 그들은 서로를 도왔고, 항해를 시작했을 때 알고 있었거나 알지 못했던 힘의 도움을 받았다. 그들은 어떤 장애를 만나도 항해를 계속했다.

모르는 곳으로 들어갈 용기를 가져라

사람들은 문제를 극복하면서 성공을 향해 한 발짝씩 다가간다. 구체적인 목표를 향해 출발하여 목적지에 이를 때까지 계속 나아가기 때문이다. 멈춘다는 것은 곧 실패를 의미한다. 그렇기 때문에 출발하지도 않고 나아가지도 않는 많은 사람들이 실패한다. 타성에 젖어 시작조차 하지 않기 때문이다.

일단 움직이기 시작한 물체의 관성을 유지하는 것보다 정지해 있는 물체를 움직이게 만들 때 에너지가 더 든다. 이런 현상은 사람에게도 적용된다. 어떤 사람이 강한 욕구가 있어도 시작하지 못하는 것은 모르는 것에 대한 두려움 때문이다. 그러나 성공하는 사람은 두려워도 시작한다. 그리고 한 번 시작하면 어떤 것도 자기를 멈추도록 만들지 않는다.

앞에서 '지금 당장 하라'에 관해 읽었다. 이것을 나는 '**자기 동기 요인**'이라고 부른다. 나를 점화시켜 행동하게 만드는 힘이다.

다음과 같이 하면 누구든지 그 힘을 활용할 수 있다.

1. 며칠 동안 아침저녁으로 또 생각날 때마다 '지금 당장 하라'를 반복하라. 그러면 당신의 잠재의식 속에 각인될 것이다.
2. 하고 싶지 않지만 하는 것이 좋겠다는 생각이 들고 자기 동기요

인인 '지금 당장 하라'가 잠재의식에서 의식 영역으로 올라오면 즉시 행동하라.

모르는 것에 대한 두려움에 봉착했는데 그 일이 옳기 때문에 꼭 하고 싶다면 자신에게 '지금 당장 하라'고 말하라. 즉시 행동으로 옮겨라. 그게 내가 하는 방식이다. 내가 자기 동기요인인 '지금 당장 하라'를 사용하는 것은 만들어진 습관이다. 나는 이 기술을 나태해지는 감정과 두려움을 중화시키고 극복하는 데 적절하게 활용하고 있다. 나는 이런 생각과 감정을 통제하는 기술을 세일즈 조직을 구성하면서 대리인들에게 전수하기 시작했다.

기초를 제대로 놓아라

툰차 호의 선원들은 모두 자원한 사람들이었다. 그리고 내가 처음 고용한 세일즈맨도 자원한 사람이었다.

대리점 사업을 시작한 지 얼마 안 된 어느 월요일 아침, 나는 시카고의 어떤 빌딩에서 사무실마다 찾아다니면서 세일즈하고 있었다. 중년의 부동산 업자에게 보험을 팔았을 때 그 사람이 물었다.

"사무실은 어디 있습니까?"

"라살레 가 남 29번지입니다."

정오에 사무실로 돌아와서 우편물을 확인하는데 그 부동산 업자가 나를 기다리고 있었다. 그는 스무 살짜리인 내가 세일즈맨이면서 관리자라는 사실에 놀랐고 그가 입사지원하겠다고 했을 때 나 역시 놀랐다.

나는 당시 세일즈맨을 고용할 생각이 없었다. 혼자 세일즈해도 전력투구하면 큰 수입을 올릴 수 있다는 것을 알고 있었기 때문이었다. 또한 세일즈 조직을 만들면 노력과 돈과 귀중한 영업 시간을 뺏길 수 있다고 생각해서 그 어느 것도 낭비하고 싶지 않았다. 내가 판매한 수수료는 모두 내가 갖지만 세일즈맨이 한 세일즈는 총 커미션 중 삼분의 일만 내가 갖기 때문에 내가 혼자서 버는 만큼 순 커미션을 벌려면 많은 세일즈맨을 고용해야 한다고 생각했다.

그러나 나는 그 부동산 업자를 나의 첫 세일즈맨으로 받아들였다. 그는 세일즈 경험이 있었고 또 인격을 갖추고 있었다. 인격이야말로 세일즈 관리자가 유능한 세일즈맨을 고를 때 살펴보아야 할 첫째 요건이다. 게다가 나는 얻을 것은 많아도 잃을 것은 하나도 없었다. 결국 내 생각이 옳았다. 그 세일즈맨은 나와 함께 있는 몇 년 동안 좋은 실적을 올리면서 일했다. 그때 배운 교훈은 몇 년 후에 나에게 큰 도움이 되었다.

당신은 고객을 고용하여 조직을 만들 수 있다. 하지만 그때 깨달았고 지금도 깨닫고 있는 좀 더 중요한 것이 있다. 즉 비즈니스를 확장하기 전에 먼저 기초를 제대로 놓아야만 한다는 것이다.

훌륭한 세일즈맨은 자신의 사업을 하려는 영감을 받고 사장이 될 수 있다. 하지만 사업을 운영하는 데 필요한 노하우와 지식이 부족할 수 있다. 이럴 경우 세 가지 길이 있다. 하나는 파산과 실패로 가는 길이고 다른 하나는 그저 그런 회사로 가는 길이다. 성공으로 가는 길은 세 번째 길이다. 훨씬 짧은 길이다.

• 첫 번째 길 : 그에게는 자본이 부족하다. 그는 새로 고용한 세일즈맨에게 의지하여 생계를 유지하고자 한다. 수입에 비하여 운영비와 개인적인 비용이 크다. 급격하게 부채가 늘어난다. 결국 파산한다. 개인적인 영업 시간과 노력을 다른 데 썼기 때문이다. 이 길은 파산과 실패로 가는 길이다.

• 두 번째 길 : 그에게는 자본이 있다. 하지만 그는 스타 세일즈맨이기 때문에 개인적인 영업에 집중한다. 그는 세일즈 조직을 만들지 않기 때문에 결국에는 관리자 정도의 수입을 올리는 세일즈맨 이상은 될 수 없다. 파산은 안 하겠지만 관리자로서는 실패이다. 이 길은 그저 그런 사장이 되는 길이다.

• 세 번째 길 : 역시 그도 자본이 부족하다. 그러나 개인적인 세일즈를 가지고도 확실한 수입과 운영을 보장할 수 있으며, 자기가 감당할 수 있을 경우에만 한 번에 한 사람씩 세일즈맨을 고용한다. 그렇게 조직을 만들고, 조직이 충분히 커지면 관리에 집중한다.

핫도그 한 개와 우유 한 잔

훌륭한 세일즈맨은 자신을 신뢰한다. 자기가 할 수 있는 것이 무엇인지 알고 있으며 필요하면 그것을 얻기 위하여 행동한다.

내가 개인적으로 세일즈할 때 많은 사람들은 나의 수입이 엄청나게 많다고 하였다. 그런데도 항상 돈이 더 필요했다. 자동차 비용,

가구 대금, 생명보험료 등등. 그것은 아마도 내가 갖고 싶은 것을 샀기 때문이었고, 그래서 그런 비용을 대기 위하여 맹렬하게 일할 수밖에 없었다.

나는 아침에 집을 나갈 때 돈은 거의 가지고 나가지 않았다. 그날 저녁이면 어지간한 돈이 주머니에 들어올 것을 알고 있었기 때문이었다. 예를 들어, 일리노이 주의 졸리엣에서 일하던 첫날 내 주머니에는 10센트밖에 없었다. 나는 호텔에 투숙한 다음 길을 건너가서 핫도그 한 개와 우유 한 잔으로 아침식사를 하였다.

졸리엣은 집에서 겨우 40마일밖에 안 되었지만 차 대신 기차를 타고 가서 매일 밤 집으로 돌아오는 대신 어떤 날은 호텔에 머물기도 했다. 휴식은 기차 안에서 취하였다. 나는 언제 어디서나 어떤 상황에서도 잠을 잘 수 있는 능력을 키웠다. 자리에 앉으면 창틀에 팔꿈치를 괴고 손으로 머리를 받친 다음 잠에 빠져들곤 하였다. 그러나 잠들기 전에 항상 마음을 안정시키기 위하여 기도하며 인도와 도움을 구하였다.

날마다 집으로 가지 않고 호텔에 머물다 보니 이동시간이 줄어 적어도 10시간을 더 잘 수 있었다. 잠을 충분히 잤으므로 컨디션은 항상 좋았다. 세일즈를 마치면 여유 있게 활기를 되찾은 다음 세일즈 보고서에 작성했다.

피곤해서 제대로 실적을 올리지 못하는 세일즈맨이 많다. 그들은 재충전할 필요가 있다. 휴식을 취해야 한다. 그러나 나는 고객을 방문할 때 휴식을 취하였다. 다시 말하면 고객을 방문하기 전에 마음을 조절하였던 것이다.

세일즈 프레젠테이션을 할 때면 모든 에너지를 지금 하고 있는 일에 집중하였다. 세일즈를 가능한 한 짧은 시간 안에 마치되, 고객에게 자기가 무엇을 사고 있는지 확실히 알려주며, 매년 갱신 때가 되면 별다른 이견 없이 갱신하도록 만들었다. 이런 과정을 통해서 돈 버는 방법은 고객에게 필요한 물건을 값싸게 지속적으로 파는 것이라는 사실을 깨달았다. 돈은 반복되는 비즈니스로 벌었다.

조직을 만들기로 결심하다

나는 졸리엣에서 그전까지 세웠던 최고 기록을 깼다. 9일 동안 평균 72건을 팔았다. 하루에 무려 122건을 계약한 날도 있었다. 비록 그날은 누구보다 행복했지만 정말 피곤했다. 그래서 평상시보다 일찍 잠자리에 들었고 꿈속에서도 보험을 팔았다. 다음 날 아침 개인적인 세일즈가 정점에 도달했다는 것을 깨달았다. 나는 아침식사를 하면서 결론을 내렸다.

'하루에 122건을 팔고 꿈속에서도 판다면 정신 건강에 도움이 되지 않을 것이다. 이제는 조직을 만들어야 할 때가 된 것 같다.'

졸리엣에서의 일이 마무리되었을 때 즉시 세일즈맨을 고용하기 시작하였다. 그러자 놀라운 일이 일어났다. 전에는 미처 알지 못했던 어떤 힘을 만난 것이다. 시야가 넓어졌다. 내가 활용할 수 있는 원칙들을 그대로 활용하였더니 기회가 보였고 나는 그것을 붙잡았다. 행동으로 옮기면서 금융제국을 만드는 첫발을 내디딘 것이다.

시작은 아주 단순하였다. 시카고 트리뷴의 광고란에 네 줄짜리 세일즈맨 구인광고를 냈을 뿐이었다. 나는 행동에 필요한 자극은 있었으나 고용에 대한 노하우와 지식은 없었다. 그렇지만 오래 생각한 끝에 네 줄짜리 광고를 만들었고 그 광고는 수년 동안 거의 바뀌지 않았다. 하지만 효과는 환상적이었다.

'돈을 벌 엄청난 기회…'로 시작하는 광고였다. 광고를 내자 사무실을 찾아오는 사람들의 숫자는 놀라웠다. 정말 놀라운 일은 시카고 이외의 지역에서 나에게 보내오는 편지들이었다. 일리노이 주 남부 지역, 인디애나 주, 위스콘신 주, 미시건 주 등등. 나는 어느 일간지의 일요판 신문에 실린 네 줄짜리 광고가 시 경계를 넘어 그렇게까지 퍼지는 힘이 있는 줄은 몰랐다. 나는 시카고와 일리노이 주를 넘어서 사업을 확장할 수 있는 기회를 붙잡기로 결심하였다.

나는 즉시 해리 길버트 씨에게 편지를 써 가능성이 있는 세일즈맨이 위스콘신 주에 한 명, 인디애나 주에 한 명 있는데 그들을 채용해도 좋은지 물었다. 미시건 주에서 온 채용 문의 서신들은 디트로이트에 계시는 어머니에게 보냈다.

회신을 기다리는 닷새가 대단히 긴 시간으로 느껴졌다. 회신을 받기도 전에 나는 시카고에서 두 사람을 채용했고, 일리노이 주의 다른 지역에서 온 문의 서신들에 답장을 썼으며, 닷새 중 나흘은 영업을 계속하였다.

토요일에 길버트 씨로부터 편지가 왔다. 칭찬과 격려를 하면서 위스콘신과 인디애나의 지원자를 고용해도 좋다고 허락한 것이다.

길버트 씨는 그 두 곳에 자신의 대리인이 없었던 것이다. 나는 지원자들에게 편지를 썼고(개인적인 면담을 하겠다는 생각은 전혀 없었다) 그들은 나의 제안을 수락했다. 그러고 나서 생각해 보았다.

'길버트 씨가 위스콘신과 인디애나에 한 명씩 채용을 허락했으니 더 많이 채용한다고 해도 허락하겠지.'

엄청난 기회였다. 시카고 트리뷴에 광고를 계속하면서 동시에 밀워키와 인디애나폴리스 일요판 신문에도 광고를 내보냈다. 광고가 나가자 문의가 쇄도했고 다른 주에서도 문의가 계속 들어왔다.

나는 다시 길버트 씨에게 편지를 썼고, 길버트 씨의 대리인이 없는 모든 주에서 세일즈맨을 채용하는 것은 단지 시간문제일 뿐이었다. 결과는 대성공이었다.

문제가 생기면 당사자에게 조언을 구하라

나는 판매조직을 빠르게 구성해 나갔다. 물론 개인적인 영업도 계속했다. 수입이 필요했으니까.

나는 일처리 순서를 정하였다. 채용 문의에 대한 회신은 아침 일찍 하고, 오후 5시까지는 개인영업을 하였으며, 다시 사무실로 돌아와서 한 시간 남짓 필요한 사무실 일을 보았다. 나는 시카고 중심가에서 영업하는 것을 좋아했는데, 그렇게 하면 사무실에서 좀 더 일을 할 수 있기 때문이었다.

영업이 확장됨에 따라 당연히 사무실을 확장할 필요가 생겼다. 그래서 픽커링 씨와 함께 쓰던 내 책상을 없애고 전용 사무실을 만들었다. 내 책상은 남에게 빌려주어서 고정비 지출을 줄였다. 보험회사들과 합의하에 내 사업체를 가지게 되었고 보험증권 인쇄비와 보험청구금 지불을 제외한 모든 비용을 내가 지불하게 되었다.

나의 광고는 곧 전국지로 확대되었다. 그러자 길버트 씨의 단독 대리인이 있는 주에서도 문의가 왔다. 그래서 나는 그에게 편지로 이 문의 사실을 알리고 조언을 구하였다.

길버트는 관대한 사람이었고 나의 영업 역량이 증가하는 것을 기뻐해 주었다. 그는 나를 도와주려고 뉴저지 주 뉴아크 시에 있는 상업재해보험회사의 E. C. 메어호프 씨에게 추천장을 써주며 그에게 연락해 보라고 하였다.

여기서 나는 또 하나의 중요한 교훈을 얻었다. 감정이 상할 수도 있는 미묘한 문제가 생기면 직접 당사자에게 문제해결을 위한 조언을 구하라는 것이다. 바로 그 사람이야말로 당신을 도와줄 수 있는 사람이기 때문이다. 이 책을 계속 읽다 보면 그 원칙이 어떻게 활용되는지 알게 될 것이다.

메어호프 씨에게 편지를 보냈더니 내가 원하는 답신이 왔다. 그는 내가 설계한 특별사고보험을 미국 전역에서 단독으로 영업할 수 있는 권한을 나에게 주었다. 나는 그 보험에 적은 비용으로 많은 것을 보장한다는 뜻의 '작은 거인'이라는 이름을 붙였고 이후로 유사한 보험에 그 이름을 사용하고 있다. 나는 길버트 씨와 계속 사업을 하였으며 어느 주에서는 2개의 영업조직을 운영하기도 하였다.

광고를 더 내자 더 많은 세일즈맨과 더 많은 비즈니스가 생겼다.

나는 세일즈맨들을 더 고용하기로 하였다. 이번에는 각 주의 영업 책임자가 필요하였다. 그런 자리의 사람들은 내가 거느리고 있는 세일즈맨들 중에서 선택하였고 그들의 커미션 수입은 늘어났지만 각 단위별 나의 수입 퍼센티지는 줄어들었다. 하지만 전체 판매량이 증가함에 따라 나의 수입은 더 많아졌다. 결국 나의 조직은 1년에 수십만 건의 보험을 팔게 되었다.

영업 책임자들은 관리에 최선을 다하였다. 그들 휘하의 세일즈맨들이 보험을 많이 팔면 팔수록 그들의 수입 역시 늘기 때문이었다. 판매에 따른 커미션이 충분했기 때문에 그들은 자신 있게 시간과 노력과 돈을 투자하여 자기들의 관할 주에서 조직을 만들어나갔다.

배우는 데 늦음이란 없다

나는 고등학교 과정을 마치고 대학에 진학하기로 하였다. 하버드 대학 로스쿨에 들어가려면 대학 학위가 필수적이었고 로스쿨은 나의 최종 목표였다.

영업 경험이 많고 적음을 떠나 계속 지식을 쌓아 교양을 갖추는 것이 중요하다는 것을 깨닫게 되었다. 많은 미국인들이 그랬던 것처럼 나 역시 고등학교 졸업장이 없어도 돈을 벌 수 있다고 생각했다. 그러나 위인들의 전기를 읽으면서 그들은 학교를 그만둔 뒤에도 배우기를 멈추지 않았다는 사실을 알게 되었다. 그리고 인생에는 돈 버는 일 말고도 중요한 것들이 많이 있었다.

나는 고등학교에서 낙제했다고 이미 말했다. 어머니는 그때 출장 중이셨고, 선생님들 중 한 분과 나는 나의 능력에 대하여 상반된 평가를 내리고 있었다. 몇몇 이유로 그 선생님은 이 사실을 교장 선생님에게 보고하였고 나는 교장 선생님 앞으로 불려갔다. 선생님은 나와 이야기하는 시간이 디트로이트 시의 돈을 낭비하는 일이라는 것을 증명하려고 애쓰셨다. 나는 속으로 생각하였다.

'돈이라고? 무슨 말씀입니까? 세일즈맨으로서 내가 버는 돈이 선생님이 버는 돈보다 훨씬 많다고요!'

결국 선생님들과 다투지 말라고 나를 설득하던 교장 선생님의 논리는 정반대의 결과를 가져왔다. 내가 학교를 그만두었던 것이다. 그분의 논리가 옳았다면 디트로이트 시는 돈을 절약할 수 있었을 것이다. 나는 선생님과 다시는 말을 하지 않았으니까.

다른 이유도 있었겠지만 아마 당시 많은 고등학생들이 그랬던 것처럼 통제적인 권위에 반항했던 것 같다. 하지만 나는 곧 디트로이트 법과대학 야간부에 들어갔고 낮에는 일을 계속하면서 결코 단 한순간도 이 말을 잊은 적이 없다.

'배움에는 때가 없다!'

전국적으로 영업조직이 확장될 때 국가경제도 급성장하고 있었다. 따라서 나의 비즈니스도 빠르게 성장하였다. 회사가 안정권에 접어들자 학교로 돌아갈 수 있게 되었다. 처음에는 야간학교, 다음에는 YMCA의 주간부에 들어갔다. YMCA를 졸업하자 에번스턴의 노스웨스턴 대학에 들어갔다.

모든 것이 잘 돌아갔다. 진짜 살맛 나는 인생이었다. 그때는 모든 것이 호황이었다. 하지만 곧이어 전 세계적인 대공황[1]이 들이닥쳤다. 사람들은 직장을 잃고 거리를 방황했으며 굶주리고 고통스러워했다. 두려움이 국가를 뒤흔들었고, 부자들은 하룻밤 사이에 가난뱅이로 전락하였다.

그러나 이런 불행에서 개인과 국가의 힘이 나왔다. 사람들의 부정적인 속성이 긍정적으로 변하여 깨달음이 오고, 용기가 생기고, 기회를 감사할 줄 알게 되면서 일하고자 하는 의지가 생겼다. 그리고 무엇보다도 사람들이 교회로 돌아와 인도하여 주기를 청했다.

성공 능력을 키우는 지렛대의 원리

지식이란 무엇에 대하여 아는 것이다. 노하우는 방법이다. 지식은 정보이며 노하우는 기술이다. 절대로 실패하지 않는 성공시스템에는 이 두 가지 모두 필요하다.

지식은 어디서든지 얻을 수 있다. 책으로부터, 사람들로부터, 사물들로부터, 사건으로부터, 역사로부터, 그리고 우연한 관찰로 습득할 수 있다. 하지만 쓸모 있으려면 지식을 체계화해야 한다. 그냥 아는 것이 아니라 제대로 알아야 한다.

지식을 습득하는 두 가지 동기요인이 있다. 당신을 도와줄 수 있는 사람에게 조언을 구하라. 그리고 배움에는 늦음이 없으니 배움을 멈추지 마라!

---

[1] Great Depression. 1929년부터 1939년까지 지속된 세계적인 불황

| 제9장 | **역경을 이겨내다**

마치 폭풍 전야의 고요함 같았다. 인간들의 탐욕과 이기심이 몰고 오는 폭풍, 자연의 어떤 재앙보다 더 파괴적이고 강력한 폭풍, 이른바 대공황이라는 허리케인이 다가오고 있었다.

대공황은 1929년 10월의 검은 목요일인 24일 쳐들어왔다. 잠시 동안 불안정한 상태가 이어지다 결국에는 모든 것이 무너져 내리기 시작했다. 검은 화요일인 29일, 증권시장이 붕괴되었다. 곧이어 더 큰 폭풍우가 밀려오면서 금융시장을 강타했다. 1933년 3월 6일, 루스벨트 대통령이 대공황의 여파를 의식해 강제로 은행 휴업령을 내리자 허리케인은 정점을 향해 치닫는 것처럼 보였다.

"두려움 그 자체 외에는 두려워할 것이 없다."

루스벨트 대통령의 이 말은 정부 관료들, 신문 편집자들, 라디오 해설자들, 목회자들, 기업 총수들, 그리고 국민들이 가지고 있던 부정적인 마음가짐이 긍정적으로 변하고 있음을 나타내고 있었다. 그리하여 새로운 긍정적인 정신 자세(PMA)를 기반으로 새로운 삶,

새로운 힘, 새로운 발전이 시작되었다.

이 경험에서 배운 원칙을 잘 활용하면 우리는 쓸데없이 폭풍우에 휩쓸리지 않을 수 있고, 올바른 정신 자세를 갖추어 언제든 들이닥칠 수 있는 폭풍우를 성공적으로 견딜 수 있다.

돌발 사태에 대비하라

신문에서 검은 목요일과 검은 화요일 기사를 볼 때 나와는 별 상관 없는 재앙인 것 같았다. 당시 나는 비즈니스를 확장하고 집을 구매하느라 증권에 투자할 돈이 없었다. 재미 삼아 도박은 했지만 시세차익을 노리고 증권에 투자하지는 않았다. 그래서 대공황이 한창 진행중이던 1931년과 1932년이 되어서야 금융시장의 붕괴 여파가 내 사업에도 영향을 미치는 것을 깨닫게 되었다.

신문마다 매일같이 비극적인 이야기로 가득 찼다. 1928년 평소 다니던 클럽에서 대단히 재능 있는 젊은 증권 중개인을 만났는데, 얼마 후 그의 자살 신문기사를 읽고는 이런 위기에 자기 파괴로밖에 답할 수 없는 사람들에게 연민과 동정을 느꼈다. 연민은 그가 올바른 정신 자세를 갖추어 돌발 사태에 대비하지 않았기 때문이며, 동정은 나약함, 두려움, 절망, 그리고 패배에 대한 것이었다.

젊은 증권 중개인은 진작부터 강한 도덕적 종교적 철학에서 나오는 힘을 기르지 않았다. 하느님은 언제나 선하시다는 믿음이 그에게는 아무 의미가 없었던 것이다. 그리고 기도의 힘에 대해 무지하였던 것이 틀림없다.

삶의 목표는 바로 삶 자체이다

"삶의 목표가 물질적인 것에 있는 것이 아니라 삶 자체라는 것을 이해하는 사람은 오로지 외부 세계로만 시선을 고정시키는 어리석은 행동을 하지 않는다."

알렉시 카렐[1]이 한 말이다. 그는 프랑스의 위대한 과학자로서 대공황의 어려운 시기를 살았다. 나는 만약 삶이 살 만한 가치가 없어 보일 때 어떻게 할 것인가를 한 살이라도 어렸을 때 미리 결정해 두는 것이 바람직하다고 생각한다. 적어도 나는 그렇게 했다.

'내 삶이 나에게는 아무 의미가 없다고 하더라도 적어도 남에게는 가치가 있지 않겠는가.'

아무리 심한 정신적 혹은 육체적 고통도 남을 돕는다는 만족과 기쁨이 있으면 대부분 참을 수 있다. 그래서 삶은 살 만한 것이다.

아마 당신은 제임스 모내한 박사가 쓴 『내가 잠들기 전 : 탐 둘리 박사의 마지막 날들』이라는 책을 읽지 않았더라도 리더스 다이제스트[2]나 신문기사에 난 요약본은 읽었을 것이다.

젊은 의사인 탐 둘리는 무서운 병의 고통으로 고문을 당하는 듯한 삶을 살고 있었다. 그는 자기의 삶이 얼마 남지 않은 것을 알고 있었다. 하지만 그는 아시아와 아프리카의 빈민가에 사는 수십만 명의 환자들을 돌보았다. 그는 삶의 목표는 삶 자체라고 믿었으며 남들을 살리는 데 도움이 되고자 자신도 살려고 투병하였다.

---

1) Alexis Carrel. 1873~1944. 프랑스의 외과 의사 · 생물학자. 노벨상 생리의학상 수상
2) Reader's Digest. 1922년 창간된 미국의 월간지

그는 남은 시간이 얼마 없었기 때문에 한 시간 한 시간을 아껴 쓰려고 노력하였다. 거의 초인적인 의지로 환자들을 돌보는 한편, 시간을 쪼개가며 저작, 강연, 텔레비전 출연 등을 통하여 후원금을 모아 전 세계의 가난한 사람들에게 의료 혜택을 주었다. 탐 둘리의 활동을 계속해 나가기 위하여 지금도 기금이 모아지고 있다.

젊은 증권 중개인과는 달리 탐 둘리는 벌써부터 종교적이고 도덕적인 훌륭한 철학으로 자신을 준비해 두었던 것이다. 그의 삶이 증명하고 있다. 그는 하느님은 언제나 선하시다는 믿음을 가지고 있었고 기도의 힘에 대해 무지하지도 않았다. 기도의 힘이야말로 그에게 삶을 계속할 용기를 주었던 것이다. 젊은 중개인은 절망 속에서 삶을 포기했다. 그가 남들을 돕는 새로운 삶을 시작했다면 영웅이 될 수도 있었을 것이다.

이 책은 자기계발서이다. 자신의 종교적·도덕적 철학에 대하여 한번 생각해 보기를 권한다. 당신의 삶이 무가치하게 보일 때 어떻게 할지 지금 결정하라.

최근에 어떤 여성에게 한 통의 편지를 받았다.

저는 귀여운 세 아이와 훌륭한 남편을 둔 주부입니다. 그러나 부정적인 정신 자세 때문에 이 세상이, 특히 아이들과 남편이 제가 없으면 더 잘 살 것이라는 생각이 들었습니다. 저는 제 감정이나 생각을 통제할 수 없었습니다.

저는 자살을 생각하고 있었습니다. 도움을 청하는 기도를 드렸지만 응답이 없었습니다. 하지만 어느 날 오후 『긍정적인 정신 자세를 통한 성공』이라는 책을 알게 되었습니다.

그때부터 틈만 나면 그 책을 읽었습니다. 그리고 긍정적으로 살기로 했습니다. 그러자 저와 가정, 남편과의 관계에 생긴 변화는 기적과 같았습니다. 영감을 준다는 다른 책들도 읽어보았지만 선생님 책만이 어떻게 해야 스스로 도울 수 있는지 말해 주었습니다. 이것이야말로 세상의 어떤 약이나 의사보다도 저에게 필요한 것입니다.

저는 힐 씨와 스톤 선생님께서 이 책을 쓰신 것에 대해 감사드립니다. 그리고 글자 그대로 제 생명을 구하기 위해 때맞춰 이 책을 저에게 보내주신 하느님께 감사드립니다.

『긍정적인 정신 자세를 통한 성공』은 저를 깊이 자극하여 더 나은 쪽으로 변화를 가져다주었기에 이전의 상태로 절대로 돌아가지 않을 것이라는 자신이 있습니다. 정기적으로 교회에 가는 것도 도움이 되었는데 이것 역시 선생님의 책을 읽은 덕분입니다.

역경이 닥쳤을 때의 반응은 개인에 따라 다르다. 어떤 사람들은 가정과 재산을 전부 잃어도 견뎌내고, 사랑하는 사람의 죽음이나 불구가 된 것에 대해서도 적응한다. 그러나 많은 사람들이 그렇게 하지 못한다. 전속력으로 돌진하는 10톤 트럭과 정면충돌한 것과 같은 역경에 부딪혔을 때 그것에 적응할 수 있는 사람은 많지 않다.

실패했을 때 나타나는 반응은 두 가지 중 하나이다. 도피하거나 더 적극적으로 달려드는 것이다.

타인의 경험에서 배워라

다음 장에서 이런 저런 방법으로 역경을 이겨낸 사람들, 즉 고난으로 강인하게 된 사람들의 이야기를 읽게 될 것이다. 그 전에 내가 타인들의 경험으로부터 무엇을 배워서 미래에 대비했는지 한 가지 사례를 얘기하려고 한다. 인생에서 성공한 사람은 자신과 타인들의 경험으로부터 배운 원칙을 이해하고 자기 것으로 만들어서 활용하는 습관을 몸에 달고 다닌다는 사람들이라는 것을 명심하라.

앞에서 말했듯이 금융시장 붕괴와 뒤따라오는 지각변동을 느끼지 못했다. 하지만 얼마 후 위험 신호를 보자 곧 행동에 착수했다.

1930년경 나는 사업에서 크게 성공하여 존경하던 한 친구를 자주 만나고 있었다. 어느 날 얘기를 나누고 헤어지려 악수를 청할 때쯤 그 친구는 이렇게 부탁했다.

"여보게, 다음 주 화요일 갚을 테니 10달러만 빌려주겠나?"

10달러를 빌려주기는 했지만 그가 말하는 화요일은 결코 올 것 같지 않았다. 이런 일이 있고 나서 생각해 보았다. 나는 결코 실패하지 않는 성공시스템을 가지고 있었고 어떤 사태에도 대처할 자신이 있었지만 논리적으로 따져보았다.

'시장이 붕괴하면 천하의 똑똑한 사람도 재산을 잃는다. 이 사실을 이제야 깨닫다니! 지금은 비상사태에 대비해서 현금을 확보하든지 아니면 확실한 기회를 붙잡을 준비를 해야 할 때이다.'

나는 저축과는 거리가 먼 사람이었다. 사고 싶은 것을 먼저 사고 그것을 갚으려고 일을 했다. 수입을 늘리는 길은 세일즈를 늘리는 것이었고, 세일즈를 늘리기 위해 세일즈 지식과 기술을 연마했다.

사무실이 있는 빌딩에 들어갈 때마다 1층의 은행 유리창에 있는 간판이 내 시선을 끌었는데 내용이 나의 철학을 확인해 주는 것 같았다. 거기에는 이렇게 쓰여 있었다.

'젊은이는 자기에게 책임을 지우기만 하면 돈을 벌 수 있다. 정직하다면 부채를 청산할 수 있을 테니까.'

나는 할부로 집과 차 두 대, 그리고 나는 필요하다고 생각했지만 남들은 사치품이라고 볼 수 있는 것들을 샀다. 내가 대리인으로 있는 보험회사들은 상당한 금액의 신용대출을 기꺼이 해주었다. 그래서 다소 무리를 해서 가치가 가장 높은 20년짜리 저축성 생명보험을 들었다. 그 보험은 위기나 기회가 왔을 때 2만 달러를 9년 동안 대출받을 수 있었다. 빚이 있는데도 불구하고 보험을 들었던 것이다. 보험료를 끝까지 부을 자신은 있었다.

그러나 1931년 말이 되자 나 역시 대공황의 여파를 느끼기 시작하였다. 문제가 점점 심각해지고 있었다. 문제는 돈이었다.

문제점을 공략하다

나는 여전히 학교에 다니며 비즈니스를 운영하였다. 경제 여건이 악화되면서 돈을 빌려준 사람들이 상환을 요구하기 시작하였다. 그들은 약속이나 한 듯 동시에 돈을 갚으라고 하였다. 나는 돈을 갚을 자신이 있고 그들도 그 사실을 알고 있다고 생각했다. 하지만 그때는 거의 대부분의 사람들이 금전적인 문제를 안고 있었다.

당시 나는 1,000명 이상의 세일즈맨을 거느리고 있었으나 만족할 만큼의 판매량이 나오지 않아 수입이 줄고 있었다. 곰곰이 생각해 보니 문제는 세일즈맨 숫자가 아니라 영업 물량이었으며 거기에 내 수입이 달려 있다는 사실을 깨닫게 되었다.

'대학교육도 좋지만 가장 중요한 것은 가족의 생계를 책임지면서 부채를 갚아야 한다는 사실이야.'

그래서 또다시 학업을 중단할 수밖에 없었다. 나는 즉시 문제 해결에 들어갔다. 우선 재산을 살펴보았다. 그때까지 나는 기존에 운영하던 두 회사 외에 세 개 회사의 대리점을 더 운영하고 있었다. 그래서 세일즈맨을 더 고용할 수 있었다.

다행히도 나에게는 다량의 계약 갱신 건이 있었지만 갱신이 제때 이루어지지 않았으며 확실한 숫자도 파악하지 못하고 있었다. 금전 문제가 불거지고 나서야 상황의 심각성을 알아차린 것이다.

하지만 기회는 찾는 사람에게는 무한하다. 세일즈는 세일즈맨의 태도에 달린 것이지 고객의 태도에 달린 것이 아니다. 감이 있고 적절한 노하우와 지식이 있는 세일즈맨은 고객이 구매하도록 유도할 수 있다는 것을 경험을 통해 알고 있었다.

나는 방학 때 세일즈를 하면서 이 사실을 입증하였다. 어느 여름 날 뉴욕 주에서 10주 동안 세일즈하고 있었다. 세일즈란 세일즈맨의 정신 자세에 달려 있다는 것을 확실하게 입증해야만 했다. 나는 상업재해보험사와 협의하여 갱신보험 증서의 보험료를 약간 올려서 발행하기로 하였다. 영업 책임자들은 그렇게 해서는 판매가 되지 않는다고 하였고 세일즈맨들은 아예 판매조차 하지 않았다. 그들도 대공황에 대해 알고 있었고 자기들이 보고 들은 것만 옳다고 믿었다. 당시 대부분의 사람들처럼 그들도 스스로에 대해 부정적인 자세를 가지고 있었다.

그 해 여름에 서부 뉴욕 주의 버펄로, 나이아가라 폴스, 로체스터 등에서 과거 어느 때보다도 더 많은 세일즈를 하였다. 절대로 실패하지 않는 세일즈 전략을 활용하였으며 지역이나 호불황을 가리지 않았다. 전략의 효과는 불황일 때나 호황일 때나 같았다.

시카고로 돌아온 후 모든 세일즈맨들에게 편지를 써서 새로운 보험을 판매하라고 촉구하였다. 그들은 판매를 시도하였고, 시도했기 때문에 새로운 보험도 팔 수 있다는 것을 알게 되었다. 내가 그들에게 영감을 주었던 것이다.

커뮤니케이션과 훈련, 관리

나에게는 절대로 실패하지 않는 세일즈 전략이 있었지만 나의 세일즈맨들은 그것을 충분히 활용하지 않았다. 어느 누구도 가르쳐주지 않았고 어떻게 활용하는지 배우지도 않았기 때문이었다. 그러나 절대로 실패하지 않는 성공시스템을 가지고 세일즈맨들을 훈련하고 감독하여 조직의 일원으로 만들고자 하면서 빠뜨린 두 가지 요소가 있었다. 노하우와 행동지침이었다.

뒤돌아보니 나는 놀라울 정도로 제대로 된 커뮤니케이션과 세일즈 훈련, 비즈니스 관리에 대해 아는 것이 없었다. 대공황 이전에는 단지 사람들을 만나서 이런 물건이 있다고 말만 하면 팔리던 시절이었다. 그렇기 때문에 그런 것에 대해서 특별히 관심을 둘 이유가 없었고 배울 수 있는 기회도 없었다.

그때 커뮤니케이션이나 훈련, 관리에 대하여 알았더라면 어느 특정 시기의 상황이 어떠했는지 세일즈 기록만 보아도 알 수 있었을 것이다. 세일즈맨들과 관리자들도 적절한 훈련을 받았을 것이다.

- 당시 나는 번거롭게 세일즈맨들과 관리자들을 만나지 않았다. 만날 생각도 없었다.
- 세일즈맨들은 잘 짜인 세일즈 대화 방법, 몇 가지 세일즈 아이디어와 동기요인이 들어 있는 네 쪽짜리 세일즈 지시서만 받았다. 세일즈맨들은 토씨 하나 빼먹지 않고 모두 외워야 했다.
- 모임이나 집회를 열지 않았다. 시도조차 안 했다.
- 관리자들에게도 특별한 관리 지침을 주지 않았다. 그들은 세일즈맨에서 승진한 사람들이라서 보험 판매 방법을 알고 있었다.
- 내가 기록한 것은 계약자 명단, 현금출납부, 세일즈맨들의 이름과 주소였다. 판매 실적 같은 기록은 전혀 없었다.

혼자서 사업을 벌이는 많은 사람들처럼 나도 경험으로부터 배웠다. 하지만 지금 알고 있는 것을 그때 알았더라면 현대식 기법을 도입하여 관리에 활용했을 것이다. 이런 지식은 학교나 책에서도 얼마든지 습득할 수 있었다.

필요가 행동하게 만든다

즉시 행동에 돌입하였다. 우선 정신적으로 다음엔 육체적으로. 모든 성취는 마음속에서 시작된다. 나는 문제가 무엇인지 알고 있었고 문제를 안다는 것은 해결 방법을 찾는 첫걸음이다. 문제를 해결하기 위하여 해야 할 것은 아래와 같았다.

1. 개인적인 세일즈를 통하여 가능한 한 큰 수입을 올릴 것
2. 계속해서 세일즈맨을 채용할 것
3. 새로 채용하는 세일즈맨과 기존 세일즈맨들을 훈련시켜 더 나은 능력의 소유자로 키울 것
4. 판매 실적을 체계적으로 기록하여 전국 각 주, 시의 비즈니스 상황을 정확하게 파악할 것

하지만 나를 행동하도록 만들었던 원인에 대해 말해 주고 싶다. 빚을 갚을 날짜가 되면 하루나 이틀 미루기 일쑤였지만 정확한 날짜에 꼭 지불한 것이 하나 있었다. 매주 토요일 지급되는 급여였다.

시계를 전당 잡혀보았는가? 급여를 마련하려고 두 번 해봤다. 사무실 임대료는 또 어떤가? 사무실의 전기가 끊어져 빌딩 관리자에게 전화를 걸면 그는 이렇게 묻곤 했다.

"밀린 임대료는 언제 낼 거요?"

언제쯤 낼 거라고 말하면 5분이 지나서 전기가 다시 들어왔다. 이런 경우가 비일비재하였다. 있는 돈은 다 털어 빚 갚는 데 썼다는

것을 기억하라. 그러면서 미래를 위해 저축도 해야 했다(현명한 행동은 아니었다). 그런 필요가 나로 하여금 세일즈 시간을 재도록 만들었다. 이전에 강의실에서 보냈던 시간이 지금은 세일즈 시간이 되었다. 차후에 나의 경험담을 들려줄 것이다. 그런 경험이야말로 행동하게 만드는 영감의 힘을 입증하는 사례들이다. 그리고 그 원칙은 누구에게나 적용된다.

세일즈맨을 추가로 채용하는 것은 문제가 없었다. 과거에 했던 네 줄짜리 광고로도 충분했으니까.

시도와 성공

우편으로 세일즈맨을 채용하면서 절대로 실패하지 않는 방법을 발견하였다. 두 쪽짜리 양식화된 서신과 거기에 첨부할 안내서를 만들었는데 결과가 좋아서 사소한 것 외에는 거의 고치지 않았다.

그 서신과 안내서를 읽은 사람들은 우리 광고가 믿을 만하고 바람직하며 자기들도 할 수 있다고 믿게 되었는데, 이 세 가지가 바로 동기부여에 필요한 요소였다. 그들은 자극을 받고 행동으로 옮겼다. 그 안에는 다음과 같은 자기 동기요인이 들어 있었다.

- 성공은 노력하는 사람이 이루는 것이다.
- 노력한다고 손해 볼 것 없고, 성공했을 때 얻을 것이 많다면 무조건 시도하라!
- 지금 즉시 하라!

서신에는 불리한 점과 유리한 점이 모두 들어 있었다. 예를 들면, 보험 판매일을 하려는 사람은 주에서 발행하는 면허 수수료와 그에게 제공될 지급품에 대한 비용을 예치해야만 했다. 내가 이렇게 시시콜콜하게 말하는 이유는 이렇다.

- 사람들은 내가 어떻게 전국적인 조직을 만들었는지 궁금할 것이다. 나는 양식화된 서신을 이용하였다.
- 내가 적은 운영 자금으로 어떻게 사업체를 구축할 수 있었는지 이제 알았을 것이다. 세일즈맨들로 하여금 면허 수수료와 지급품 비용을 예치하게 함으로써 그 예치금을 운영 자금으로 활용하였다. 그 돈은 환불을 요구하면 돌려받을 수 있다.
- 서신과 유인물은 사람을 면접 보는 효과가 있었다. 그 안에는 필요한 내용이 다 들어 있어서 면접 시간을 절약할 수 있었다.

성품과 태도, 기꺼이 하려는 마음

일요일 광고가 나간 후 월요일 아침이면 200명 가까이 되는 지원자들이 면접을 보기 위해 사무실로 찾아왔다. 대기하는 줄이 사무실 앞에서 복도 끝까지 이어지곤 했다. 나는 그때 몇 분 이내에 대부분 정확하게 사람을 평가하는 능력을 지니고 있었다. 나의 세일즈 경험은 상대방의 반응을 정확하게 해석할 수 있게 해주었다. 나만의 기준으로 원하는 사람을 골랐지만 자격이 안 된다고 생각하는 사람은 그의 마음이 상하지 않게 거절하였다. 방법은 다음과 같다.

1. 우편으로 지원한 사람들에게 보낸 것과 똑같은 유인물을 모든 사람에게 나누어주었다. 첫 면접에서는 지원자들의 이름이나 주소를 알려고 하지 않았다.
2. '성격이 괜찮은 사람인가? 태도가 긍정적인가? 자발적으로 배울 사람인가?' 이렇게 나 스스로에게 질문했다.
3. 지원자가 자격이 없다고 생각하면 가능한 한 정중하게 그 사람의 기분을 배려하려고 애썼다. 그리고 이렇게 말하곤 했다. "저는 공평하게 모든 사람들을 면접하려고 합니다. 여기 모든 내용이 들어 있는 유인물이 있습니다. 관심이 있으시면 2차 면접을 보러오십시오." 예치금 때문에 대부분 오지 않으리라는 것을 알았지만 지원자들의 체면은 살려줄 수 있었다.
4. 내가 원하는 사람의 채용 방식은 자격이 없다고 생각하는 사람들을 대할 때와 같았다. 예외가 있다면 이런 것이다. "유인물을 읽어보시고 기억하시기 바랍니다. 저는 실제로 큰 수입을 올리는 게 참 쉽다는 것을 보여드릴 것입니다. 이 내용이 마음에 드신다면 즉시 면허를 드리겠습니다. 내가 어느 날 하루 종일 세일즈하여 번 수수료를 몽땅 드리겠습니다." 그리고 나서 1~2분 동안 내가 한 사람의 세일즈맨으로서 지난 주에 얼마나 벌었는지 보여주었다.

지원자의 주머니가 비어 있는데 관리자가 일은 자기가 하고 수수료는 지원자에게 주겠다고 하면 지원자들은 이게 무슨 일인지 기꺼이 보고 싶어 했다. 그러고 나서 첫날이 끝날 때 30~50달러를 받으면 그 사람이 보기에 기회는 확실한 것이었다(당시는 1달러도 엄청나게 큰 돈이었으니까!).

나는 한때 잘 나갔던 사람들을 보면 답답하고 불쌍하다는 생각이 든다. 호황 때는 1년에 3만 달러까지 벌던 사람도 있었다. 그들이 한때는 잘 나갔음에도 실패하는 이유는 밑바닥부터 다시 시작해서 올라가겠다는 의지가 없든가 아니면 자세가 너무 부정적이기 때문이다. 고용주가 그들에게 행동에 필요한 자극을 줄 수 있는 기술을 가지고 있다면 문제는 다르겠지만.

나는 신입 세일즈맨들을 현장으로 데리고 나가 나의 세일즈 방식을 보여주며 교육시켰다. 그렇게 함으로써 절대로 실패하지 않는 성공시스템을 세일즈맨 훈련 도구로 완성시켰다.

세일즈맨들이 훈련받을 필요가 있다는 것을 깨닫자 나는 매일 한 쪽짜리 세일즈 회람을 보내기 시작하였다. 내용은 성공적인 세일즈 사례나 내가 판단하기에 효과적이라고 생각하는 세일즈 방법을 제시하는 것이었다. 나는 개인적인 세일즈를 하면서 동시에 전체 세일즈의 균형을 잡아가고 있었다.

회람을 통하여 세일즈맨들에게 상황에 따른 말하는 방법을 알려주고 그에 더하여 그때그때 세일즈맨이 행동하는 데 필요한 아이디어나 동기요인도 적었다. 회람을 작성하면서 나의 생각이 명료해지는 것을 알 수 있었다. 절대로 실패하지 않는 성공시스템이 다른 사람들을 훈련시키는 도구로 진일보한 것이다.

대공황 기간 동안 부정적인 정신 자세를 가진 사람들이 겪은 문제와 비교하면 나의 문제는 사소한 것이었다. 채권자들로부터 오는 전화, 편지, 면담 요청 등은 정말 짜증 났다. 그래서 어느 날 채권자들에게 원금에 6%의 이자를 더하여 갚겠다고 통보하며, 나의 수입에 비례하여 상환금을 받게 될 것이라고 말하였다. 일방적인 통보였지만 아무도 불평하지 않았다.

다음 장에서는 고난이 어떻게 사람을 강하게 만드는지, 당신 주위의 모든 것이 무너지고 있을 때 어떻게 해야 하는지, 모든 상황이 불리할 때 어떻게 해야 하는지 알려줄 것이다.

성공 능력을 키우는 지렛대의 원리

모든 성공은 개인의 마음속에서 출발한다. 당신의 개인적인 성공도 당신의 마음속에서 출발한다. 첫걸음은 당신의 문제, 목표, 또는 욕구가 무엇인지 정확하게 아는 것이다. 이것이 명확하지 않으면 종이에 써보고 거기에 나온 말들이 당신이 추구하는 바를 정확하게 표현하도록 하라.

위기는 곧 기회라는 말이 있다. 기회를 발견하려는 수고만 한다면 말이다. 기회를 찾아내는 방법을 배우면 당신은 매번 역경을 꼼짝 못하게 만들 수 있다.

| 제10장 | **방법을 찾아라**

올바른 정신 자세를 갖춘 사람들에게 대공황은 비록 악마의 모습으로 다가왔지만 실은 축복이었다. 위기는 기회의 또 다른 표현이기 때문이다.

필요는 레오 폭스라는 사람을 만들었다. 나는 그를 처음 만난 날을 똑똑히 기억하고 있다. 그는 나에게 지울 수 없는 인상을 남겼다. 레오는 광고를 보고 나를 찾아왔다. 그의 미소는 그때도 매력적이었고 지금도 여전히 매력적이다. 그는 아주 열정적이어서 즉석에서 그를 채용하였다.

레오는 직장이 있었으나 돈은 벌지 못했다. 그는 건강, 행복, 열성 등 성공한 사람의 분위기를 지니고 있었다. 하지만 나와 함께 일을 시작했을 때는 돈이 없어서 시카고 북쪽의 싸구려 호텔에 살고 있었다. 가구를 살 형편도 못 되었고 아파트는 집세를 선불할 수 없어서 꿈조차 꿀 수 없었다. 사실 호텔비도 밀린 상태였다.

그의 부인은 레오가 일하러 나가면 아이들과 함께 호텔방을 나갈

엄두를 내지 못하였다. 가족들이 방을 비우면 지배인이 문을 잠가 버리고는 밀린 방값을 얼마라도 갚을 때까지 열어주지 않았기 때문이다. 그럼에도 레오는 면접을 볼 때 열정적인 미소를 띠고 있었다. 나는 그때 세일즈맨을 개인적으로 훈련시키는 것을 시행하기 전이었다. 그러나 레오는 훈련시켰다.

몇 달이 지난 후 레오는 첫날 번 돈은 모두 밀린 방값으로 지불해 가족들의 아침 식사비를 벌려고 다음 날은 일찍 일어날 수밖에 없었다고 말했다. 레오는 열심히 일했기 때문에 시간이 지나면서 급한 불을 끌 수 있었다. 4개월이 지나자 자동차 계약금을 낼 정도가 되었다. 그는 채 2년이 되지 않아 펜실베이니아 관리자가 되었다.

열정이 있으면 관심을 끈다

레오와 함께 일한 지 몇 주 되었을 때 놀라운 일이 일어났다. 그가 전에 일하던 직장의 세일즈맨이 나를 찾아왔다. 그가 말하기를 길에서 레오를 만났는데 정말 즐겁고 잘 나가는 것 같아 보였다고 했다. 그러면서 혹시 빈자리가 있는지 물어보았다. 물론 있었다.

나는 두 달이 되기 전에 레오의 전 직장 세일즈맨을 5명이나 채용하였다. 그 사람들도 길에서 레오를 만나 어디서 일하는지 물어보고 찾아왔던 것이다.

레오 폭스는 내가 진심으로 아끼는 사람이다. 그러나 그에게는 많은 사람들을 파멸로 이끌었던 알코올 중독이라는 문제가 있었다. 그것 때문에 아버지한테 집에서 쫓겨났다고 한다. 그의 아버지 존

폭스는 위스콘신 주의 재해보험회사 소유주이자 사장이었다. 나하고 일한 지 1년쯤 지났을 때 그는 자신의 문제를 털어놓으면서 말하였다.

"일리노이 주의 드와이트 시에 있는 키일리 요양소[1]에 들어가 저 자신과의 싸움에서 이기겠습니다."

그는 요양소로 들어갔고 마침내 싸움에서 이겼다. 키일리 요양소에 들어간 이후 그는 술을 마신 적이 없다. 레오 폭스와 가족은 펜실베이니아 세일즈 관리자로 부임하기 전에 차를 몰고 부모님을 뵈러갔다. 그의 아버지는 아들의 변한 모습을 보고 이렇게 말하였다.

"네가 스톤 씨의 펜실베이니아 지역 세일즈 관리자가 될 정도로 능력이 있다면 우리 회사의 사장이 되고도 남겠구나."

레오는 훗날 아버지 회사를 물려받아 사장이 되었다. 레오는 부자이며 자기 일에서 성공한 사람이다. 그의 이야기는 많은 사람들에게 영감을 준다.

원칙을 파악하라

지금부터 세일즈맨을 훈련시키는 데 절대로 실패하지 않는 방법을 개발했던 과정을 말하려고 한다. 또한 자기 동기요인을 어떻게 활용했는지도 알게 될 것이다.

노스웨스턴 대학을 그만두고 대부분의 시간을 개인적인 세일즈와 현장에서 세일즈맨들을 훈련시키는 데 투입하였다. '현장에서'

---

[1] Keeley Institute : 1879년에서 1965년까지 운영되던 알코올 중독자 치료기관

란 말은 실제로 고객들을 방문한다는 뜻이다. 단순한 이론이 아니라 '해보는' 것이다. 신입 세일즈맨과 함께 영업할 때 그는 내가 하는 대로만 하면 큰 수입을 올릴 수 있다는 것을 배웠다. 하지만 나는 곧 이것으로 충분하지 않다는 것을 알게 되었다.

훈련받는 사람이 나와 함께 영업하는 순간의 짜릿함에 마음이 뺏겨 원칙을 보지 못하고 지나쳤던 것이다. 그것은 마치 자기계발서에 나오는 이야기를 읽다 성공 스토리에 매료되어 책이 말하는 원칙을 못 보는 것과 같다. 세일즈맨은 시대의 필요에 따라 행동에 필요한 자극을 받는다. 하지만 그들은 가르쳐주지 않으면 배우지 않는다. 관찰을 통해서 지식을 습득하는 법을 가르쳐준 사람도 없었다. 이런 사실을 깨닫자 효과적인 교수 방법을 개발하기 시작했다.

먼저 세일즈맨들에게 세일즈할 때 대화법와 반박 요지를 글자 그대로 공부하도록 동기를 부여하였다. 나는 그들에게 말하였다.

"무슨 말을 어떻게 해야 하는지 알기만 하면 매일 큰 수입을 올릴 수 있으며, 이론을 알면 일하는 것이 즐거워지고, 잘 짜인 세일즈 프레젠테이션을 활용하면 시간을 절약할 수 있다."

세일즈맨이 알아야 할 것을 다 배우면 그를 데리고 현장실습을 나가곤 했다. 그때서야 그들은 나의 말과 행동을 더 명확하게 이해하였다.

성공을 위한 세부 계획

세일즈맨을 현장에서 훈련시키면서 훈련에 필요한 지식과 노하우를 얻었다. 얼마 안 가서 나는 세일즈맨들을 훈련시키는 데 필요한 매뉴얼을 만들었다. 내용은 다음과 같다.

1. 즐거운 마음으로 신속히 움직이며 일한다. 나의 목표는 오늘을 내 생애 중 가장 멋있는 날로 만드는 것이다. 훈련생은 내가 영업하는 동안 말을 끊거나 끼어들어서는 안 된다. 그는 나와 함께 움직이며 내 옆에서 내가 하는 일을 유심히 관찰한다.
2. 세일즈는 아침 9시에 시작하여 11시 반까지 한다.
3. 그 후 30분 동안 훈련생에게 영업을 시킨다.
4. 훈련생이 상담하는 동안 나는 그의 구체적인 실수를 메모한다.
5. 12시에 훈련생과 오전에 영업한 내용을 협의하면서 특별히 명심해야 할 것을 일러준다. 첫째, 그가 잘한 점을 말해 준다. 그리고 도움이 될 만한 구체적인 사항들도 알려준다. 둘째, 영업에 도움이 되거나 해가 되는 포인트를 강조하여 알려준다.
6. 점심 후에 다시 영업을 시작하여 4시 반까지 계속한다.
7. 4시 반부터 퇴근시간까지 훈련생이 영업한다.
8. 훈련생이 영업을 하는 동안 매번 관찰 · 기록한다.
9. 5번을 되풀이한다.
10. 시카고 외곽의 동일한 지역에서 여러 명이 영업했다면 저녁 식사 후에 미팅을 갖고 각자의 경험담을 나눈다.
11. 미팅에 참석하는 모두에게 세일즈를 잘 성사시키는 방법과 방해가 되는 요소를 찾아보라고 말한다. 다른 사람의 프레젠

테이션에서 작은 잘못이라도 찾아내지 못하는 사람은 그 세일즈맨과 똑같은 잘못을 할 가능성이 높다.
12. 세일즈맨들의 경험담 발표가 끝난 후의 과정은 다음과 같다.
- 세일즈맨에게 먼저 기회를 주어 어떻게 하면 더 완전한 영업을 할 수 있는지 말하게 한다.
- 다음에는 참석자 모두에게 돌아가면서 의견을 말하도록 한다.
- 마지막으로 내가 대화 중에 나온 요점들을 검토해 주고 언급되지 않았던 다른 사항들도 지적한다.
- 행동에 필요한 자극이야말로 성공의 가장 중요한 요소이므로 세일즈맨 각자, 특히 훈련생에게 영감을 주려고 노력한다.

만 하루 동안 훈련생과 영업하고 위와 같은 과정을 끝낸 다음 아래의 절차를 시행한다.

- 다음 날 하루는 혼자 영업하게 한다.
- 그날 밤 영업 미팅 때 세일즈 프레젠테이션을 하게 한다.
- 전날 저녁에 했던 12항의 과정을 반복하여 전날 밤에 무엇을 배웠는지 확인하게 한다. 그러다 보면 그의 습관이나 그날그날 습득하는 노하우가 드러난다.
- 다음 날 다시 그와 함께 나간다. 훈련생이 30분간 영업한다. 필요하다면 내가 한두 곳 정도 영업을 하여 특별한 상황에 대처하는 법을 보여주고 다음에 그에게 한두 곳 정도 더 영업하도

록 시킨다. 그가 영업하는 동안 나는 훈련생을 관찰하며 메모한다.
- 훈련생에게 몇 가지 제안한 후 다시 만날 때까지 혼자 영업하게 한다.
- 훈련생이 나의 제안을 제대로 이해하지 못해서 공부해야 할 필요가 있으면 그날은 공부만 하도록 해준다(그러나 이런 경우는 거의 없었다. 남자들은 돈이 절실하게 필요했기 때문에 영업에 도움이 되는 것은 무엇이든 배우려 했다).
- 사무실에 돌아오는 즉시 함께 영업했던 훈련생에게 아래와 같은 내용으로 편지를 보낸다.
  - 향상된 점 칭찬
  - 고쳐야 할 점을 얘기하며 용기를 잃지 않도록 격려
  - 그에게 자신을 위하여 기록하라고 했던 중요하고 구체적인 의견 나열

이 매뉴얼은 세일즈맨이나 훈련생들을 성공적으로 훈련시키는 훌륭한 지침서가 되었다. 여러 원칙들 중에서 적용이 가능한 것들을 이해하고 받아들이면 누구나 다른 사람들을 훈련시키는 데 활용할 수 있다.

그 당시 나는 필사적으로 부채를 털어버리려 애쓰고 있었기 때문에 돈이 절실하게 필요했다. 이 매뉴얼은 한 사람을 훈련시키는 데 많은 시간이 들지는 않았지만 완벽한 것이었다. 그리고 훈련받은

사람들은 돈이 필요하다는 동기가 있었기 때문에 최선을 다하려고 노력하였다. 오래지 않아 나는 일리노이 주 영업에 필요한 잘 훈련된 세일즈맨을 충분히 거느리게 되었다. 나는 이들 중 몇몇을 다른 주로 보내기도 하였다.

그러는 사이 나는 또 다른 심각한 문제에 직면하였다. 나에게는 돈을 버는 일보다 더 중요한 것이었다. 아들의 건강 문제였다.

성공하려면 환경을 잘 선택하라

아들은 세 살이 넘어서도 늘 감기나 알레르기성 비염, 천식으로 고생했다. 겨울철이면 내내 아팠다. 의사도 특별히 어떻게 하지 못하는 것 같았다.

센 고등학교에서 인간심리를 연구할 때부터 나의 철학이 된 스스로 돕기의 기본 원칙 중 하나가 있다.

'사람은 주위 환경에 따라 달라진다. 그러므로 자신이 원하는 목표를 향하여 자신을 가장 잘 키워줄 수 있는 환경을 선택하라.'

노스웨스턴 대학에 다닐 때 오리건 주, 워싱턴 주, 콜로라도 주, 그리고 북부 미시건 주에는 비염을 유발하는 돼지풀 꽃가루가 없다는 소리를 들었다. 그래서 미시건 주 이시페밍에 있는 노스 우즈 클럽 회원권을 구입했다. 그 클럽은 4만 3천 에이커의 땅에 개인 소유 호수와 휴양시설을 갖추고 있었다. 나는 아들이 성장할 때까지 거기에 갈 생각이 없었다.

아들은 돼지풀 꽃가루 계수가 높은 9월을 제외하면 여름에는 그런대로 건강했다. 어느 날 아들이 아프다는 연락이 왔다. 당시 나는 일리노이 주 폰티악에서 세일즈 중이었다. 나는 즉시 아들의 건강을 위해 좋은 환경을 선택하기로 결정하였다. 그리고 자신에게 이렇게 말했다.

'아들이 여름에는 건강하다면 따뜻한 곳으로 데려가야지. 돼지풀 꽃가루 계수가 높은 지역에서 나오면 되잖아? 태양을 따라가면 되지 않겠어? 그러다가 건강이 회복되면 집으로 돌아와야지.'

그때부터 1년 반 동안 태양을 따라 아내와 아들과 나는 이 주에서 저 주로 차를 몰고 다녔다. 겨울은 남쪽으로, 여름에는 북쪽으로. 아들은 몸무게가 늘면서 튼튼하고 건강해졌다.

불리한 상황을 유리한 상황으로 바꿔라

당시에는 뉴잉글랜드의 많은 공장들이 문을 닫고 있었다. 펜실베이니아, 애리조나 등지에 있는 광산들도 문을 닫았다. 남부의 면화와 땅콩 값이 폭락하여 작물들을 갈아엎기도 하였다. 운송비조차 안 나왔기 때문이다. 텍사스 원유는 1배럴 당 60센트에 팔렸다. 그러나 나의 세일즈맨들은 하루에 20~50달러를 벌고 있었다.

필요는 세일즈맨들에게 행동에 필요한 자극을 주었고, 경험은 그들에게 노하우를 주었으며, 나는 필요한 지식을 가르쳤다. 이것들이야말로 절대로 실패하지 않는 성공시스템의 세 가지 요소였다.

그러나 아들과 여행하는 동안 세일즈맨은 135명으로 줄어들었다. 훈련시키기 전에 많은 사람들이 떠났기 때문이었다. 하지만 135

명의 훈련된 세일즈맨들은 대공황 중에도 훈련되지 않은 1,000명이 영업할 때보다 더 많은 실적을 올렸다.

아들의 건강을 위해 좋은 환경을 찾아다니면서 아들의 건강도 좋아졌지만 몇 가지 불리한 상황이 유리하게 변하였다. 사업을 지속적으로 확장할 수 있는 튼튼한 기반을 마련하였으며 한편으로는 부족했던 세일즈 교육에 대한 지식과 노하우를 얻었다. 그리고 또 하나 굉장히 놀라운 것을 발견하게 되었다.

어느 날 각 세일즈맨들에게 성공에 필요한 원칙들을 적어 보낸 편지를 보다 깜짝 놀랐다. 수정할 사항이 별로 없었다. 이 사람에게 필요한 것은 다른 여러 사람에게도 필요한 것이었다. 이 발견을 계기로 훈련 교재 시리즈를 만들어 편지 형식으로 보내기 시작했다. 세일즈맨들은 그것을 가지고 원칙들을 공부했다. 거기에 적절한 현장 훈련을 받으면 그들도 큰 수입을 올릴 수 있었다. 교재 1번의 첫 쪽은 세일즈맨들이 기도에서 영감을 받을 수 있도록 구성했다.

'모든 분야의 성공에 대한 노력은 기도의 도움을 받아왔다. 신앙이 있든 없든 심리학적 측면에서도 기도는 어떤 목표에 대한 개인의 생각을 명확히 하고 격려가 되는 내부적인 힘을 기르는 데 도움이 된다. 하루 일과를 끝내고 신에게 감사하는 것은 누구에게도 해를 끼치지 않으며, 성공을 바라며 기도한 많은 사람들이 도움을 받았다. 결과를 얻기 바란다면 기도하라!'

영업 일지

대공황이 닥쳤을 때 나는 정확하게 내 사업에 무슨 일이 일어날지 예측할 수 있는 아무런 지표도 가지고 있지 않았다. 이 사실을 깨닫자 특별한 카덱스 시스템[1]을 도입하였다. 여기에는 각 주, 각 도시의 영업 관리자와 세일즈맨별로 월간 및 연간 영업 실적이 입력되었다. 이 시스템은 필요한 지식과 노하우가 있는 전문가가 설계하였다. 세일즈맨으로부터 보고를 받은 마지막 날짜와 우리가 회신할 날짜는 색깔로 표시하였다.

이 시스템으로부터 최종적으로 영업 일지가 만들어졌다. 이 영업 일지를 활용하여 과거 실적, 현재 상황, 우리가 지향하는 방향, 그리고 취약점 등을 파악할 수 있었다. 역경에서 어떻게 사람이 강해지는지, 또는 왜 대공황이 올바른 정신 자세를 지닌 사람에게는 축복인지에 대한 답 같은 것은 더 이상 필요치 않았다.

성공 능력을 키우는 지렛대의 원리

당신은 환경의 산물이다. 그러니 당신의 목적을 가장 잘 이룰 수 있는 환경을 선택하라. 환경에 비추어 인생을 분석해 보라.
주위의 환경이 성공하도록 도와주는가, 아니면 뒤로 잡아당기고 있는가?

---

[1] Kardex system, 환자의 병력을 기록하는 양식

| 제11장 | **인간의 길**

 한 사람의 전성기와 나락으로 떨어졌을 때를 볼 수 있다면 그 사람의 모든 것을 알 수 있다. 때로는 성인이었고 때로는 죄인이었으며 어떨 때는 동물이었을 것이다. 절대로 실패하지 않는 성공시스템을 연구하면서 나는 도덕성 역시 지속적인 성취를 이루는 데 분명한 역할을 한다는 것을 알게 되었다. 사람이 내면에 있는 야수성을 통제하는 방법을 배우지 않으면 완전한 성취를 이룰 수 없다.

 섹스, 술, 속임수, 그리고 절도는 세일즈맨들을 실패로 이끄는 네 가지 요소이다. 이 네 가지 요소는 어느 분야든 성공을 추구하는 곳에는 항상 존재한다. 나는 시행착오라기보다는 오히려 시도와 성공을 통하여 세일즈맨들을 파멸로 이끄는 것들과 싸워 이기는 데 필요한 노하우를 터득했다. 이 장에 나와 있는 원칙들을 이해하고 제대로 활용한다면 누구나 내면의 선한 면과 성인다운 면까지도 한결 쉽게 끌어낼 수 있다는 것을 알게 될 것이다. 그 원칙들은 당신이 과거에는 꿈도 꾸지 못했던 힘을 준다는 것 또한 알게 될 것이다.

내가 원하는 바 선은 행하지 아니하고 도리어 원하지 아니하는
바 악을 행하는도다.

- 로마서 7:19

사람들이 당연히 해야 할 올바른 일을 하지 않는 이유는 올바른 습관을 들이지 않았기 때문이다. 지금부터 올바른 습관을 들이는 방법에 대하여 이야기해 보자.

나쁜 줄 알면서도 나쁜 짓을 하는 것은 우리를 유혹하는 강한 내적 욕구를 통제하고 중화시키는 습관을 들이지 않았거나, 이미 나쁜 습관이 몸에 배어서 그런 욕구를 제대로 삭이는 방법을 모르기 때문이다. 당신이 어떤 것을 할 수밖에 없었다거나 강제로 시켜서 억지로 했다고 말할 수 있지만, 그 일이 무엇이든 스스로 선택한 것이다. 당신에게는 단지 선택할 수 있는 힘만 있기 때문이다. 따라서 '원하는 것'을 마음대로 선택할 수 있는 방법을 배워야 한다.

누군가는 타고난 기질은 어떡하냐고 물을지도 모른다. 여기 커다란 위험으로부터 자신을 효과적으로 지켜낸 어떤 젊은이의 이야기가 있다.

얼마 전 시카고 세일즈맨 클럽 모임에 앞서 벌어진 칵테일 파티에서 한 친구가 밥에게 물었다.

"자네는 스카치로 할 텐가 버번으로 할 텐가?"

그는 미소를 띠고 대답하였다.

"둘 다 됐네. 나는 술을 안 마셔."

잠깐 머뭇거리던 밥이 친구에게 물었다.

"왜 그런지 알고 싶지 않아?"

친구가 그렇다고 하자 밥이 말을 이었다.

"자네 우리 아버지 알지? 누구나 우리 아버지의 명성은 알고 있지. 아버지는 성공한 사업가야. 하지만 어머니는 아버지 때문에 항상 고민이 많으셨네. 아버지가 알코올 중독자였거든. 한동안 아버지의 수입은 5만 달러에 가까웠네. 그런데도 우리 가족은 자주 돈이 궁했지. 하지만 더 나쁜 것은 어머니가 수치심과 경제적 어려움에 힘든 시간을 보냈다는 사실이네. 나는 어머니를 사랑하고 아버지도 사랑하네. 아버지를 원망하지 않아. 그렇지만 아버지처럼 존경스럽고 훌륭하신 분이 음주 때문에 가정을 비참하게 만드는 것을 보며 나는 절대로 술을 마시지 않겠다고 결심했지. 아들인 내가 알코올 중독자가 될지 아닐지를 운에 맡길 수는 없지 않은가? 설령 그런 기질을 타고났다고 해도 술을 마시지만 않으면 알코올 중독자가 될 수 없지. 그리고 나는 결코 마신 적이 없다네."

타고난 기질을 바꿀 수 있을까? 바꿀 수 있다. 누구나 타고난 기질을 통제할 수 있다. 누구나 바람직한 것은 키우고 바람직하지 않은 것은 버릴 수 있다. 사람에게는 의지력이란 게 있으니까.

엉뚱한 방향으로는 첫발도 내딛지 마라. 어떤 버릇이 가족에게 해가 된다면 그 버릇을 버려라. 운이나 요행에 맡기지 말고 '아니요'라고 분명하게 말하라.

미국의 심리학자 윌리엄 제임스는 이렇게 말했다.

"한 잔 두 잔 마신 것이 쌓여 술꾼이 되듯이 각각의 행동과 일에 투입한 시간에 따라 권위자도 되고 전문가도 된다."

그리고 어떻게 잘못된 습관을 깰 수 있는지 말하였다.

"갑자기 깨뜨려라. 그 사실을 모든 사람들에게 알려라. 그리고 어떤 예외도 허용하지 마라."

자기암시는 외부의 나쁜 자극을 물리친다

친구가 나쁜 짓을 하라고 부추기거나 나쁜 행동을 하자고 유혹하면 '안 하겠다'고 말할 수 있는 용기를 키워라. 이에 대한 좋은 사례가 있다. 나는 아이들와일드 공항[1]에서 시내로 가는 택시를 타고 있었다. 운전기사는 모든 면에 대하여 확고한 생각을 가지고 있는 것 같았다. 나는 아무 말도 하지 않았는데 그가 이렇게 말했다.

"여기가 제가 태어나서 자란 동네입니다. 저는 계집애라고 놀림받던 그날 밤을 절대로 못 잊을 겁니다. 친구 놈들이 작당해서 길 건너 토니네 가게를 털자는 걸 안 하겠다고 했거든요. 그날 밤 내가 나쁜 친구들과 사귀고 있다는 것을 알았지요. 친구들이 유혹할 때 '난 안 해'라고 말할 배짱이 없는 친구들을 보면 안타깝습니다."

"네. 안타깝지요. 그래서 많은 아이들이 잘못된 길로 빠집니다. 나쁜 친구들이 유혹할 때 '난 안 해'라고 말할 배짱이 있어야 해요. 매년 150만 명의 청소년들이 교도소에 간다는 사실을 아십니까?"

차가 호텔에 도착해서 더 이상 이야기를 나눌 수 없었다. 부모들

---

[1] Idlewild Airport. 존 F. 케네디 공항의 옛 이름

이 자녀들에게 올바른 생각을 심어주는 방법을 알면 이런 비극은 피할 수 있다. 부모들은 아들, 딸들에게 악을 피하고 선을 행하게 만드는 자기암시의 힘을 사용하는 법을 가르칠 수 있기 때문이다.

사람은 누구나 새로운 환경에 처하거나 과거에 해본 적이 없는 일을 하려면 막연한 두려움 때문에 망설이게 된다. 특히 처음으로 나쁜 짓을 하라고 유혹받을 때 더욱 그렇다. 두려움이 너무 커서 바람직한 행동을 못하기도 한다. 그러나 이것은 드러나지 않은 위험으로부터 자신을 보호하려는 일종의 방어기제이다.

아무 생각없이 무의식적으로 나쁜 행동을 하는 사람은 없을 것이다. 그런 사람이 있다면 이전에 크든 작든 나쁜 행동을 여러 번하여 습관이 된 것이다. 원인 없는 결과는 없기 때문이다. 사람은 자기암시나 타인의 암시에 반응하여 행동한다. 암시란 보고, 듣고, 느끼고, 맛보고, 냄새 맡는 모든 것으로부터 온다. 예를 들어, 아이는 부모가 걷는 것을 보고 배우며 가족들의 대화를 듣고 말을 배운다.

자기암시란 스스로에게 의도적으로 무엇인가 전해 주는 것이다. 그 무엇은 상상력을 통하여 생각하고, 보고, 듣고, 느끼고, 맛보고, 냄새 맡는 형태를 취할 수 있다. 때로는 단어나 기호로 나타낼 수도 있고, 큰 소리로 혼잣말을 할 수도 있으며, 문장으로 써놓을 수도 있다. 이것은 자기 동기요인을 배울 때 하는 방법이다. 그래서 당신이 의도적으로 당신의 잠재의식에 영향을 줄 말을 하거나 생각하는 것이 자기암시이다. 아래 문장에 의미를 부여하고 거기에 반응하는 습관을 들인다면 자기 동기요인이 될 수 있다.

- '아니요!'라고 말할 수 있는 용기를 가져라.
- 진실을 직시할 수 있는 용기를 가져라.
- 옳은 일은 옳기 때문에 하라.
- 바로 지금 하라!

자기암시 Autosuggestion란 그 이름에 나타나듯이 자동적이다. 암시는 잠재의식으로부터 언뜻 의식으로 올라오는데 보고, 듣고, 느끼고, 맛보고, 냄새 맡거나, 또는 단어 기호의 형태를 취한다. 그것은 생각이 될 수도 있다. 과정은 이렇게도 설명할 수 있다.

존은 고등학교에 진학한다. 친구 녀석 몇이 농담 반 진담 반으로 오늘 밤 고물상에 가서 자동차 휠캡을 훔치자고 제안한다. 이것은 일종의 암시다. 평소 존의 부모가 도둑질하지 말라거나 그런 상황이 닥쳤을 때 '난 안 해!'라고 말할 수 있는 용기를 가지라고 가르쳤다면 잠재의식으로부터 도둑질하면 안 된다는 의식이 떠오를 것이다. 이것이 자동암시이다.

이런 것을 가르치려면 존의 부모는 평소 존에게 도둑질하지 말라거나 '난 안 해!'라고 말할 수 있는 용기를 가지라는 말을 자주 하면 된다. 존의 잠재의식은 이런 말을 기억했다가 긴급 상황이 발생하면 떠올린다. 이것이 자동암시이다. 그러면 앞서 말한 택시 운전사처럼 존은 '난 안 해'라고 말할 수 있는 용기를 갖게 되는 것이다. 더 나아가 친구들에게 올바른 일을 하라고 충고할 수도 있다.

존에게 메이라는 예쁜 여동생이 있다고 하자. 인간의 성적 욕구는 본능이다. 메이가 좋지 않은 무리와 어울리고 몇몇 나쁜 남자친구들이 처음에는 농담으로 다음에는 심각하게 나쁜 암시를 준다. 이런 암시가 계속되고 반복될수록 메이의 잠재의식은 더 강한 영향을 받는다. 하지만 자연은 안전장치를 두어서 그녀를 보호한다. 즉 두려움을 느끼고 위험을 감지하면 망설이고 생각하게 만든다.

그러나 부모가 메이에게 자기암시 방법을 가르쳤다면 메이는 제때에 올바르게 행동하여 현명하게 대처할 것이다.

존과 메이의 부모가 자기암시, 자동암시의 힘을 알고 있다면 메이는 처음부터 좋지 않은 무리와 어울리지 않을 것이다. 암시는 대부분 환경으로부터 오는데 가까운 친구나 동료가 가장 강력한 환경 요인 중 하나이다.

다시 말하지만, 존과 메이의 부모가 시간을 투자해 자녀들에게 인생의 중요한 문제를 얘기해 주고 암시를 준다면 존과 메이는 올바른 행동 기준을 세울 것이다. 성품이 좋은 친구를 사귀고, 친구들과 함께 삶을 용기 있게 헤쳐나가는 방법을 배울 것이다.

부모들이 정기적으로 시간을 투자해 자녀들과 이런 문제를 상의한다면 자녀와 부모 사이에 감정이입이 잘 이루어져서 아이들은 부모의 충고를 받아들여 그대로 행동하려는 의지를 가질 것이다. 그러나 부모가 아이들과 함께 시간을 보내지 않으면 부모가 암시를 주었을 때 오히려 역효과를 내게 된다. 아이들은 의식적이든 무의식적이든 부모가 원하는 반대 방향으로 나가려는 경향이 있다. 그래서 유혹이 올 때 외부의 영향을 중화시키거나 반발하거나 거부하지 않고 유혹에 항복한 다음 그 유혹을 껴안는다. 심리학자들에 따르면 그런 행동은 단지 부모를 괴롭히기 위한 것이라고 한다.

내가 세일즈맨에게 자기암시를 주고자 했던 방법을 보자.

- 암시를 활용하여 올바른 일은 올바르기 때문에 해야 한다는 욕구를 개인의 내면에 심어주었다.
- 그들에게 올바른 일은 올바르기 때문에 해야 한다는 욕구를 강화하기 위하여 스스로 자기암시를 활용하는 방법을 가르쳤다.
- 가능한 한 자주 환경을 바꾸어 자신이 바라는 목표를 향해 한 단계씩 올라가도록 하였다.
- 건전하고 좋은 환경을 고르는 방법에 대한 노하우를 전수했다.

지금까지 읽은 이야기를 살펴보면 이런 원칙들을 활용하고 있음을 알 수 있을 것이다. 앞으로 읽을 경험담에도 이런 원칙들이 담겨 있다. 하지만 이제 당신은 자기암시, 자동암시의 원칙들을 활용하고 지향하는 목표를 달성하는 데 도움이 되는 환경 선택의 중요성을 이해해야 한다. 예를 들면, 당신이 할 수 있는 것은 다음과 같다.

- 이 책에 거론된 자기 동기요인 활용하기
- 자신의 자기 동기요인 키우기
- 암시를 통하여 다른 사람에게 자극 주기
- 이 책과 다른 자기계발 서적 계속 읽기

이제 네 가지 실패 요인인 섹스, 술, 속임수, 절도 중에서 가장 흔히 볼 수 있는 속임수에 대해 이야기해 보자.

고상하고 올바른 도덕적 행동 기준을 마련하지 않은 성인은 미성숙한 것이고 아이와 마찬가지로 자기중심적이다. 그는 자기가 관심을 가진 것밖에 모른다. 심리학자들 말에 따르면 그런 사람은 마음이 건강하지 않다고 한다. 제대로 성장하지 않았기 때문에 진실을 직면할 용기가 없는 것이다. 그래서 사소한 속임수가 보다 큰 속임수가 되고 나중에는 악랄한 범죄가 되는 것이다.

사람이 감성적으로 미성숙하고 속임수를 싫어하지 않으면 미국 독립전쟁 때의 베네딕트 아놀드[1]처럼 영웅이 배신자가 될 수 있다.

자기 행동을 합리화시키지 마라

티컨더로거 요새[2]를 공략했던 베네딕트 아놀드는 독립전쟁 당시 가장 용감한 장군 중 한 사람이었다. 나는 그가 여러 면에서 훌륭한 세일즈 관리자의 자질을 갖추었다고 생각해 왔다. 특출난 재능도 있었지만 실패할 수밖에 없는 약점도 함께 가지고 있었다. 능력이 출중하고 다양한 분야에 관심이 있는 대단한 정력의 소유자였으며 한 번 주도권을 쥐면 끝까지 밀어붙이는 유형의 사람이었다. 하지만 지나치게 이기적이라서 이해관계가 끼어들면 그의 행동은 자주 감정적이 되었다. 인격이 성숙하지 않았던 것이다.

---

1) Benedict Arnold. 1741-1801. 미국의 장군으로 독립전쟁 때 미국을 배반하고 영국에 붙음
2) Fort Ticonderoga. 뉴욕 주 북부에 있던 독립전쟁 당시의 요새

그는 전투에 능한 장군이었기에 부하들의 존경을 받았다. 하지만 그를 아는 사람들은 그가 대단한 문젯거리라는 것을 알고 있었다. 오만함, 비합리적인 요구, 성급함과 고집 때문에 함께하기가 까다로운 사람이었다.

베네딕트 아놀드는 1777년에 지휘관 자리를 박탈당했을 때 큰 상처를 받고 모욕감을 느꼈다. 그렇지만 10월 7일 영국군이 공격해 왔을 때 아놀드는 어떤 권한도 받지 않고 독립군을 지휘하였다. 그의 리더십과 열정, 전투 능력은 다시 한 번 승리를 거두었고 의회에서는 감사의 표시로 그를 소장으로 진급시켰다.

아놀드는 1779년 한 영국파[1]의 18세 된 딸과 결혼하였다. 여자는 남자의 성공이나 실패를 좌우하는 요소 중 하나이다. 그해 봄 그는 영국 편으로 돌아섰다. 1780년 5월 아놀드는 육군사관학교 교장 자리를 요구하였고 그 요구는 받아들여졌다. 그러자 그는 미리 계획했던 대로 영국군에게 연락하여 사관학교를 넘길 테니 2만 파운드를 달라고 하였다.

그의 배반은 개인적인 것이지 정치적인 것은 아니다. 마치 관리자가 회사에 충실하지 않은 것이 개인적인 문제이지 원칙의 문제가 아니듯 말이다. 아놀드는 사장을 배신한 세일즈 관리자처럼 자기 행동을 합리화시켰다. 그의 행동은 다른 불충실한 사람들처럼 부정적인 자기 동기요인에 따른 것이었다. 자신의 이익만 좇은 것이다.

지금 스스로를 무장하여 저항력을 키워라. 지금 자신을 무장시켜

---

[1] Tory. 독립전쟁 때 영국 편을 든 사람

놓으면 나중에 오는 유혹에 저항할 수 있다. 유혹이 올 때 두 가지 긍정적인 자기 동기요인이 즉시 반응하는 습관을 들이도록 하라. 한 번 반응하면 다음에 유혹을 받을 때는 이 두 가지 자기 동기요인의 힘을 확실히 느낄 것이다.

- 당신의 축복을 헤아려보라!
- 무엇이든지 남에게 대접을 받고자 하는 대로 남을 대접하라.

- 마태복음 7장 12절에 나오는 황금률

성공 능력을 키우는 지렛대의 원리

높은 도덕성과 윤리 기준은 커다란 성취를 이루는 데 얼마간 역할을 한다. 특히 섹스, 술, 속임수, 절도와 연관될 때 그렇다. 이 네 가지는 성공을 향해 가던 사람들을 침몰시키는 주요 원인이다.

오로지 옳은 일만 하는 습관을 들이는 열쇠는 대부분 자기암시에서 온다. 자기암시를 통하여 잠재의식과 마음의 힘을 작동시킬 수 있기 때문이다.

선한 것에 대한 세 가지 자기 동기요인이 있다. 수시로 생각하고 말하라.

- '아니요!'라고 말할 수 있는 용기를 가져라.
- 진실을 직시할 수 있는 용기를 가져라.
- 옳은 일은 옳기 때문에 하라.

| 제12장 | **원하는 곳으로 가는 방법**

"호텔 방값을 최소한으로 해주시기 바랍니다."

나는 부지배인의 눈을 정면으로 바라보며 말했다. 그는 30초가량 머뭇거리더니 내가 써낸 숙박계를 보고 나서 미소를 짓고는 나에게 몸을 기울이며 넌지시 말했다.

"우리는 아칸소 사람들을 좋아합니다. 시카고에서 온 사람들에게는 바가지를 씌우지만요."

나는 웃었다. 그는 내가 왜 웃는지 안다고 생각했겠지만 사실 몰랐다. 내가 시카고에서 왔다는 것을 몰랐으니까.

"선생님과 가족분들이 여기서 2주간 머무르신다고요? 우리 호텔의 가장 좋은 방을 하루 5달러에 드리지요. 그러면 되겠습니까?"

우리 가족이 따뜻한 곳을 찾아다닐 때 있었던 일이다. 내게는 이미 아칸소 주의 면허가 있었다. 거기서 일하는 동안 나의 공식적인 주소는 리틀 락 Little Rock, 아칸소 주의 도시에 있었다. 그래서 핫스프링스 Hot Springs, 아칸소 주의 온천 도시에서 제일 좋은 휴양 호텔에 묵을 때 습관적으로 아칸소 현지 주소를 알려주었던 것이다. 앞으로 언급하겠지만 아칸소는 나에게 큰 도움을 준 곳이다. 유능한 세일즈 관리자들도 많이 배출하였다.

알링턴 호텔에 묵을 때 나는 주위의 덕을 보았다. 늘 그렇듯 근무 시간에는 영업했지만 예외가 하나 있었다. 정오에 한 시간을 뺀 것이다. 호텔 사우나는 정오부터 두 시간 동안 문을 닫았다. 하지만 사우나 지배인과 종업원들은 나의 고객이었으며 나를 좋아했기 때문에 문 닫는 시간과 상관 없이 사우나를 즐길 수 있었다. 나는 11시 55분쯤에 사우나에 들어가곤 했다. 손님은 나밖에 없었다. 그곳에서 휴식을 취하며 핫스프링스의 따뜻한 물로 건강을 챙겼다. 그러고 나서 오후 2시부터 새로운 기분으로 영업에 나섰다.

일자리를 원하면 찾아라

매년 3월이면 나는 핫스프링스로 와서 영업을 신장시키고 있었다. 어느 날 D.A. 쿡이라는 사람으로부터 편지를 받는데 그는 관리자 자리를 원하고 있었다. 당시 핫스프링스에는 관리자가 없어서 그를 채용하였다. 쿡은 아칸소 출신들이 그렇듯이 신사였다.

빌 서덜랜드의 예를 들어보자. 빌은 내가 만나본 사람 가운데 가장 훌륭한 인격을 가진 사람 중 하나였다. 그는 직원들이 제대로 일한다면 수천 리 밖에서도 회사를 운영할 수 있다는 것을 보여주었다. 댈러스에 '컴바인드 아메리칸 인슈어런스 컴퍼니'를 세운 진정한 공은 그에게 있다. 빌이 내린 결정은 언제나 옳았다. 그는 정직한 사람이면서 건전한 상식의 소유자였기 때문이었다.

쿡과 함께 일하기로 한 날 우리는 맬번으로 차를 몰고 갔다. 그런데 아무리 애를 써도 몇 건밖에 세일즈하지 못했다. 다른 세일즈맨과 함께 영업한 모든 날을 따져봐도 이렇게 영업이 신통찮은 날은 손가락으로 꼽을 정도였는데 그날이 그중 하나였다.

나는 실적이 좋지 않다고 주위 여건이나 사람, 서비스를 탓하지 않는다. 모든 잘못이 나에게 있다는 것을 알기 때문이다. 그래서 그날 밤 쿡에게도 그렇게 말했다. 그러나 쿡은 낙담하지 않았다.

"사장님, 그건 상관없습니다. 저는 사장님의 전략이 어떻게 작동하는지 볼 수 있으니까요."

그렇게 신통찮은 날이 될 줄 몰랐던 나는 이미 굉장히 빡빡한 스케줄을 짜놓고 있었고 스케줄을 바꿀 생각도 없었다. 그래서 다른 주에서 훈련시킬 세일즈맨에게 갔고, 그와 함께 영업하면서 아칸소에서의 부진을 만회하겠다는 불만족에서 오는 자극을 받고 있었다.

당시 나는 전국을 상대로 비즈니스를 하고 있었지만 세일즈맨들을 직접 훈련시켰기 때문에 세일즈맨이 몇 명 되지 않는 주도 있었다. 훈련은 시간이 걸렸다. 동부와 남부의 주들은 1년에 한 번, 서부의 주들은 2년에 한 번씩 잠깐 출장을 갔고 그때마다 실적도 올리면서 세일즈맨들을 제대로 훈련시키고 싶었다. 밤에 세일즈맨들을 만나서 중요한 사항들을 모두 점검하고 다음 날에는 함께 오후 3시 무렵까지 영업한 후 다음 장소로 이동하는 것이 하루 일과였다.

쿡은 뛰어난 세일즈맨은 아니었지만 뛰어난 관리자였다. 조니 시몬즈라는 뛰어난 세일즈맨을 발굴한 것으로도 알 수 있다. 조니는 쿡에게는 없는 자질이 있었는데 이런 사실은 나에게 또 하나의 원칙을 가르쳐주었다. 만약 어떤 일에 대한 경험이 부족하거나 특별한 재능이 없다면 그런 능력이 있는 사람을 고용하여 당신을 위해 일하게 하라는 것이다.

쿡은 훌륭한 세일즈 관리자의 면모를 유감없이 드러냈다. 그는 세일즈맨을 다루는 요령을 알고 있었다. 방법은 아주 간단했다. 단지 세일즈맨들에게 클레멘트 스톤에 대한 이야기를 아는 만큼 말했던 것이다. 여기서 나는 또 하나의 원칙을 배웠다. 세일즈맨들과 면담할 때 그들의 상상력과 감성에 호소하되 일하고 있는 조직에서 성공한 다른 사람의 이야기를 자주 하는 것이다. 이런 일이 반복되면서 이 방법을 기술적으로 발전시켜 활용하게 되었다.

쿡은 조니 시몬즈와 이야기할 때 이 기술을 활용하였다. 이 방법은 정말 효과적이어서 조니는 자신이야말로 그 자리에 가장 적합한 사람이라고 생각하게 되었다. 하지만 쿡의 생각은 어떤 사람을 휘하에 두고 싶으면 그 사람을 잡아야 한다는 것이었다. 쿡은 조니 시몬즈를 채용했고, 조니는 은퇴할 때 백만장자였다.

끝없이 이어지는 연결고리를 만들다

조니 시몬즈는 세일즈 관리자가 되자 능력 있는 세일즈맨들을 모집하기 위해 끝없이 이어지는 연결고리를 만들기 시작했다. 그는 광고를 낸 적이 없다. 돈이 드니까. 대신 함께 일하기를 원하는 보험계약자와 친구들의 명단을 가지고 있었고 잘 활용하였다. 그는 자기가 채용한 세일즈맨들을 훈련시켰고, 교육받은 세일즈맨들은 조니의 훌륭한 세일즈맨이 되었다. 많은 사람들이 조니의 예를 따랐고 조니의 충고를 받아들였다.

"하는 일이 즐겁고 그 일을 잘한다면 그리고 미래가 보인다면 그런 기회를 친척이나 친구에게도 주십시오. 그들도 기회를 잡아서 큰 수입을 올리고 언젠가는 부자가 되게 하십시오."

조니의 충고를 따랐던 사람들에게 부모, 형제자매, 친구들이 모여들었다. 이 연결고리는 아칸소, 테네시, 루이지애나, 텍사스, 미시시피, 애리조나와 노스캐롤라이나까지 퍼졌다. 그가 채용하여 훈련시킨 세일즈맨들 중 몇몇은 다른 주의 세일즈 관리자가 되었다.

사업을 키우는 데 도움을 준 세일즈맨들의 이야기를 쓰려면 끝도 없을 것이다. 이 책에도 일부 소개하고 있지만 내가 '보물지도'라고 이름 붙인 몇 가지 사례에 대하여 얘기하는 것이 좋을 것 같다.

조직이 커지면서 깨닫게 된 점은 현장에서의 훈련은 세일즈 관리자, 곧 승급할 스타 세일즈맨, 그리고 어떤 사유가 있든 관리자가 제대로 동기부여를 하지 못한 세일즈맨을 대상으로 해야 한다는 것이었다. 관리자들이 현장 실습을 시키면 나는 미팅을 통하여 더 많은 사람들에게 지식을 가르치고 활동하도록 영감을 불어넣었다.

당시 유명한 세일즈맨이자 상담가였던 모리스 피커스는 세일즈 전문회사에 책을 팔고 있었다. 그가 권하는 책을 몇 쪽 넘겨보고 내가 바라는 내용이 아니었기에 구입을 거절했다. 체형이나 코, 눈 등의 모양으로 사람을 판단하는 관상학에 관한 책이었다. 나는 그런 책이 싫었다. 체형이 어떻든, 코가 길든 짧든 상관없이 누구에게나 세일즈할 수 있다고 믿었다. 세일즈는 세일즈맨의 생각 여하에 달려 있기 때문에 코가 긴 사람에게 물건을 팔았다면 그것은 그 사람의 코가 길어서가 아니라 세일즈맨이 그 사람에게 팔 수 있다고 믿기 때문이라고 생각했다.

모리스는 두 번째 책을 내밀었다. 내 인생의 방향을 바꿔놓는 나폴레온 힐이 쓴 『생각하라 그러면 부자가 되리라 Think and Grow Rich』는 책이었다. 책의 내용이 나의 철학과 여러 면에서 일치해서 세일즈맨들에게 읽게 하고 다른 사람들에게 자기계발서를 나눠주는 습관을 들이기 시작했다. 그 책에서 특히 도움이 된 내용은 조직의 공동 목표를 향해 함께 노력할 때 지도자가 지켜야 할 원칙에 관한 것이었다.

『생각하라 그러면 부자가 되리라』

나는 정말 생각만으로 부자가 되었다. 나의 세일즈맨들 중 나의 원칙을 이해하고 활용한 사람들 역시 부자가 되었다.

나는 주위 사람들에게 책을 보내기 시작했다. 시간이 지나면서 변화가 일어났다. 책 제목도 호소력이 있었지만 금전적인 부와 비즈니스에서 성공 기회를 노리는 독자들에게 충격과 동기를 주었다. 나는 강연할 때마다 청중들에게 새로운 사고방식을 전하려 노력하였고 몇 명 추첨해서 책을 나누어주기도 했다.

매년 서너 권의 자기계발 서적을 모든 세일즈맨들, 사무직원들, 내가 관리하는 회사의 주주들에게 보내는 것이 관례처럼 되었다. 또한 영감을 줄 만한 음반과 「가이드 포스트 Guidepost」 및 「무한 성공 Success unlimited」과 같은 잡지도 보내고 있다.

지금까지 예로 든 사례들이나 앞으로 소개할 사례들을 보면 이런 류의 책이 많은 사람들의 삶을 보다 나은 방향으로 이끌었다는 것을 알 수 있다. 하지만 정말 놀라운 것은 미국의 여러 저자들이 독자들에게 자기계발 서적을 통하여 동기부여를 했음에도 불구하고 그 혜택을 누린 사람이 매우 적다는 사실이다.

『생각하라 그러면 부자가 되리라』를 나누어주기 시작하면서 나의 세일즈 관리자들은 경이로운 세일즈 집단을 이루기 시작했고 기록적인 실적을 올렸는데, 동기부여의 기술을 배우지 않은 사람들은 그런 성과를 믿지 않았다. 책을 읽은 지 2년도 안 되어 면허를 가진 세일즈맨들을 1,000명 이상 더 거느리게 되었다.

확실하게 증명할 방법은 없지만 『생각하라 그러면 부자가 되리라』는 어떤 책보다도 많은 사람들에게 사업적으로 경제적으로 영감을 주었다고 믿는다. 여기 그런 사람에 대한 이야기가 있다.

석탄 한 무더기… 그리고 그 이상의 것

유타 주에서 오전 10시에 세일즈 미팅을 주관할 예정이었다. 당일 아침 8시에 도착하여 아침을 먹은 후 운동 삼아 산책을 했다. 호텔로 돌아오는 길에 커다란 유리창 속에 석탄 한 무더기가 있는 것을 보았다. 석탄 무더기 앞에는 두 권의 책이 있었는데 『생각하라 그러면 부자가 되리라』와 사무엘 클라슨의 『바빌론에서 가장 부유한 사람 The Richest Man in Babylon』이었다. 석탄회사라서 석탄이 있는 것은 이상하지 않았지만 앞에 놓여 있는 두 권의 책은 정말 생뚱맞아 보였다. 미팅까지는 아직 시간이 남아서 석탄회사 사장을 만나 보고 싶었다. 사장에게 『생각하라 그러면 부자가 되리라』가 많은 사람들의 삶을 풍요롭게 만들었다는 이야기를 해준 다음 이렇게 말하였다.

"사실 제가 만나뵙자고 청한 이유는 저 두 권의 책이 왜 석탄 무더기 앞에 있는지 알고 싶어서입니다."

석탄회사 사장은 잠시 머뭇거리다 심각하게 대답하였다.

"좋습니다. 지금부터 제가 말씀드리려는 것은 다른 사람에게는 말하지 않을 생각이었지만 선생님과 저는 뭔가 통하는 게 있는 것 같습니다. 선생님이 낯선 사람 같지 않아요."

"고맙습니다."

"저와 동업자는 두 가지 사업을 하고 있었습니다. 자갈과 석탄 사업이었지요. 그러나 두 사업이 모두 적자라서 하나만이라도 살리고 싶었습니다. 애를 써봤지만 방법이 없었습니다. 그때 『생각하라 그러면 부자가 되리라』는 책을 읽게 되었습니다. 지금부터 하는 얘기가 제가 모르는 사람에게는 말하고 싶지 않았던 부분입니다. 『생각하라 그러면 부자가 되리라』를 읽고 몇 년 지나지 않아 우리는 적자에서 벗어났지요. 선생님이 오늘 여기 오신 것은 우연치고는 정말

기막힌 우연입니다. 바로 며칠 전에 마지막 남은 빚까지 다 갚았거든요. 잠시 보여드릴 게 있습니다."

그는 수표책을 열고 숫자를 가리키며 말했다.

"이제는 부채 대신에 18만 6천 달러라는 현금이 있습니다. 『생각하라 그러면 부자가 되리라』를 책을 몇몇 친구들에게 빌려주었는데 모두 돌려주지 않더군요. 그래서 저는 유리창 속에 책을 놔두고서 세상에 이런 훌륭한 책이 있다는 것을 알리기로 했습니다. 책을 원하는 사람에게는 그냥 가져가라고 할 겁니다. 그리고 『바빌론에서 가장 부유한 사람』이라는 책을 아직 안 읽으셨다면 한번 읽어보라고 권하고 싶습니다. 그 책에서 말하는 원칙을 따라가면 누구든지, 봉급생활자라도 부를 얻을 수 있어요."

마침내 보물지도가 완성되었다. 엄격한 실전 테스트를 거쳤고 테스트를 성공적으로 통과했기 때문에 전략에는 성공에 필요한 모든 요소가 들어 있었다.

1. 자기 의지로 활동하게 만드는 자극(행동요인 혹은 영감)
2. 부와 성공을 얻는 노하우
3. 성공적으로 비즈니스하는 방법에 대한 지식
4. 거기에 더하여… 생활 철학

확실하게 깨달은 것은 성공하려면 확실한 목표보다 한 가지 목적에 집중해야 한다는 것이다. 성공하기 위해서는 사물의 본질을 꿰뚫어볼 수 있어야 한다. 그러나 대부분 본질은 추상적이어서 찾기 힘들고 찾았다고 해도 다가가기 힘들다. 하지만 완성이라는 본질을 구하다 보면 당신은 점점 더 완전해진다.

성공의 본질을 찾아라. 그러면 확실하게 성공할 것이다. 성취의 본질을 찾아라. 그러면 더 많이 성취할 것이다.

그러나 본질을 찾을 때는 구체적인 목표를 찾되 한 가지 목적에 집중해야 한다. 그렇게 한 걸음씩 성공을 향해 앞으로 나아갈 때 구하려는 것의 본질에 점점 가까이 가게 된다. 더불어 당신의 생활 철학이 성공의 본질에 다가가는 데 확실한 도움을 줄 것이다.

생활 철학은 살아 있어야 한다. 그러기 위해서는 행동해야 한다. 행동이 삶의 가치를 결정하기 때문이다. 행동 없는 신념은 죽은 것이다. 사람은 생각하는 대로 된다. 나의 생활 철학은 다음과 같다.

첫째, 하느님은 선하시다.

둘째, 참된 진리는 어떤 경우에도 변하지 않는다.

셋째, 사람은 유전이나 환경, 의식과 잠재의식, 경험 그리고 현실 속의 특정한 위치와 방향, 알고 있거나 모르는 힘을 포함한 그 무엇의 산물이다. 사람은 이런 것들로부터 영향을 주고받으며, 그것들을 이용하고 통제하거나 혹은 화합하는 힘을 가지고 있다.

넷째, 사람은 하느님의 형상을 따라서 창조되었다. 그래서 스스로 생각의 방향을 정하고 자기 운명을 결정할 수 있다.

다섯째, 보편적 원칙을 따른다. 예를 들어, 대접받고자 하는 대로 남에게 대접하라는 황금률 마태복음 7:12은 대인관계에 보편적으로 적용될 수 있다. 하지만 실행으로 옮겨야 살아 있는 것이다.

여섯째, 기도의 기적적인 힘을 믿는다.

그럼 이런 철학이 나에게 주는 의미는 무엇인가? 철학대로 살지 않으면 철학은 의미가 없다. 실행으로 옮겨야 한다. 필요할 때 그것을 어떻게 적용했는지 한 가지 사례를 들려주겠다.

나는 한 대형 보험회사의 대리권을 가지고 있었는데 1,000명이 넘는 세일즈맨들이 나의 지휘 아래 미국 전역에서 일하고 있었다. 구두계약이었지만 일련의 재해보험을 독점적으로 팔 수 있었다.

플로리다에서 가족과 함께 휴가를 보내고 있을 때 그 회사의 최고 경영자 중 한 사람으로부터 편지를 받았다. 내용은 간단했는데, 2주 후에는 대리권 계약이 종료되므로 그날 이후로는 보험을 팔거나 갱신할 수 없다는 것이었다.

사장은 여행을 떠나서 두 달 동안은 연락이 불가능하다고 했다. 심각한 문제에 직면한 것이다. 구두계약이라 어떻게 할 도리가 없었다. 2주 안에 전국적인 영업망을 새로 구축한다는 것은 도저히 불가능한 일이었다. 같이 일하던 1,000명의 세일즈맨들과 가족들도 해결책을 찾지 못하면 곤란한 처지에 놓일 것이다.

자, 당신은 육체적, 정신적, 도덕적, 사회적 혹은 영업적으로 심각한 문제에 부딪힐 때 어떻게 할 것인가?

그때가 바로 당신의 믿음이 시험을 당하는 순간이다. 믿음이란 행동으로 옮기지 않으면 백일몽에 불과하다. 진정한 믿음이 있다면 지속적인 행동으로 나타나야 한다.

나는 아무에게도 말하지 않고 침실에 틀어박혔다. 논리적으로 생각해 보았다. 하느님은 언제나 선하시다. 옳은 것은 그 자체로 옳은 것이다. 찾고자 한다면 위기 속에서도 기회는 얼마든지 찾을 수 있다. 나는 무릎 꿇고 하느님께서 주신 축복에 대해 감사 기도를 드렸다. 내가 생각한 축복은 건강한 몸, 건강한 마음, 멋진 아내와 3명의 아이들, 엄청난 자유의 땅이자 한없는 기회의 땅에 사는 특권, 그리고 살아 있음에 대한 기쁨 등이었다. 그리고 나는 인도해 주시고 도와주시기를 기도하였고 그렇게 해주시리라고 믿었다. 그 후 긍정적인 마음가짐으로 네 가지 해결 방안을 마련했다.

1. 계약은 유지될 것이다.
2. 직접 보험회사를 만들어서 미국의 가장 큰 보험회사로 키운다.
3. 또 하나의 구체적인 목표를 달성하겠다(이것은 지극히 개인적인 것이어서 자세히 설명하지 않는다).
4. 그 회사의 사장이 어디에 있든지 무조건 연락을 취한다.

곧바로 행동에 돌입하였다. 집을 나와서 가장 가까운 공중전화를 찾아 회사의 사장과 연락을 시도했다. 공중전화를 사용한 것은 가족들에게 내가 직면한 비상사태를 알리고 싶지 않아서였다. 우여곡

절 끝에 사장과 통화할 수 있었다. 그는 친절하고 이해심이 있는 사람이었다. 그는 자기 회사의 총대리인이 나의 대리인들과 경쟁하느라고 어려움을 겪고 있는 텍사스에서 내가 철수한다면 영업을 할 수 있게 해주겠다고 약속했다. 우리는 90일 후에 본사에서 만나기로 하였다. 실제로 90일 후에 우리는 만났다. 나는 지금도 그 회사의 면허를 가지고 있으며 계속 영업하고 있다.

그로부터 17년 후 내가 만든 회사가 미국에서 제일 큰 보험회사는 아니었지만 재해 건강보험만 파는 회사 중에서는 규모가 가장 컸다. 다시 말해 세계에서 가장 큰 재해 건강보험 회사였던 것이다.

자, 심각한 문제에 부딪혔을 때 당신은 어떻게 할 것인가? 명심하라. 당신의 철학이 답을 결정할 것이다. 그에 따라 당신의 미래도 결정될 것이다.

성공 능력을 키우는 지렛대의 원리

당신이 지금 읽고 있는 책은 자기계발서이다. 책이 주는 교훈을 배우면 당신은 자연스럽게 보다 나은 삶을 살 수 있을 것이다. 서점에는 수많은 자기계발서가 있다. 모두 저자들의 경험과 지혜에서 태어난 책들이다. 그런 책들을 잘 이용하라. 보다 많은 정보와 기술로 스스로를 무장시키면 성공은 더 빨리 더 확실하게 다가올 것이다.

제4부
진정한 자산

...

13장 _ 부와 기회
14장 _ 야망에 불을 지피는 방법
15장 _ 재능 있는 사람은 만들어진다
16장 _ 운명을 바꾸는 힘

| 제13장 |

부와 기회

"어떻게 하면 돈을 많이 벌 수 있을까요?"

호주와 뉴질랜드에 가서 강연할 때 가장 많이 접한 질문이다. 내가 쓴 『긍정적인 정신 자세를 통한 성공』이라는 책이 호주에서 막 발매되었고 표지에는 나를 가리켜 '100달러를 가지고 3,500만 달러의 부를 이룬 사람'이라고 하였기 때문이었다.

『The Success System that Never Fails』은 내가 어떻게 부를 얻었는지 말해 주고 있다. 이 책의 목적은 내가 배운 원칙을 사람들과 나누고자 함이다. 먼저 당신이 100만 달러를 어떻게 벌지 결정하기 전에 일반적으로 부를 얻는 방법을 살펴보자.

부를 얻을 수 있는 기회는 우리가 숨 쉬는 공기만큼이나 주위에 널려 있다. 이 책과 같은 자기계발서는 당신으로 하여금 자신에 대하여, 그리고 당신에게 영향을 주거나 영향을 줄 수 있는 모든 외부 자극에 대하여 생각하게 한다.

위대한 유산

워싱턴, 프랭클린, 제퍼슨 같은 미국 건국의 아버지들은 헌신적인 사람들이었다. 그들은 최대 다수의 최대 행복을 위한 정부를 만들겠다는 목표를 가지고 있었다. 훗날 에이브러햄 링컨이 아주 적절하게 표현했듯이 '국민의, 국민에 의한, 국민을 위한 정부'였다.

국가와 국민에 대하여 진실한 용기를 북돋우며 진취성을 보상하고 성공을 권장하는 미국에서 헌법과 '우리는 신을 믿는다'[1]는 슬로건은 미국 정부의 전통과 철학이 되었다. 국가는 국민이 부를 창조함으로써 번영할 수 있었다.

개인의 자유를 보장하고 재산권을 존중하는 정부 밑에서 긍정적인 마음가짐, 교육, 근면, 지식, 노하우, 그리고 국민의 덕성을 통하여 부는 창조된다. 부를 얻는 중요한 요인은 사고방식, 근면, 신용, 그리고 공평한 세금이다. 화폐나 다른 교환수단은 보편적이고 통용되는 가치를 지니고 있어야 한다.

이 모든 것들은 중요하다. 이런 것들이 있었기에 미국의 부가 만들어진 것이다. 미합중국 정부가 그 헌법을 발효시켜 바람직한 풍토를 조성했기 때문에 당신을 포함한 그 누구든지 절대로 실패하지 않는 성공시스템인 '행동에 필요한 자극, 노하우, 행동지침'을 활용하여 부를 얻을 수 있다.

다른 많은 나라에서는 전통적인 철학이 달라서 대중들이 부를 얻는 데 적합하지 않다. 이런 국가나 국민들은 부와 신용에 관한 낡은

---
[1] In God We Trust. 미국 화폐에 쓰여 있는 말

경제이론을 버리고 부의 축적에 대한 올바른 마음가짐을 갖지 않는 한 큰 부를 얻을 수는 없을 것이다.

부를 창출하는 법

60층짜리 빌딩, 대형 선박, 또는 현대적인 컴퓨터의 원자재 가격은 완성품의 최종 가격과 비교하면 아주 하찮은 것이다. 빌딩이 가진 부는 변할 수 있지만, 빌딩이 그곳에 있는 한 시장가격은 존재하기 마련이다. 컴퓨터나 선박도 사용이 가능한 한 마찬가지다.

우리 시대에는 사고와 노동이 주식, 채권, 계약과 같은 무형자산으로 대표되는 부가적인 부를 창출하고 있다. 무형자산은 일반적으로 유형자산보다 개인에게 더 큰 부를 창출해 줄 수 있다. 예를 들어, 성장하는 회사의 주식 가치는 유형자산의 시장가격보다 높다. 투자자가 관심을 갖는 것은 수익률, 사업 상황, 연관 산업의 시장 추세, 미래의 수익성, 그리고 가장 큰 자산인 훌륭한 경영이다. 따라서 가격은 현재만이 아니라 미래에 바탕을 두고 있다.

미국에는 큰 수입을 가져다주는 좋은 직업을 가진 수백만의 사람들이 있고, 수만 명의 백만장자가 있다. 그들이 부자이고 백만장자인 것은 자기들이 소유하고 있는 회사를 처분하였기 때문이 아니라 대개의 경우 보유하고 있는 주식의 시장가격 때문이다. 그런 주식은 자기들이 번 돈을 저축하여 산 것이다.

다시 말하지만, 사고, 노동, 그리고 원자재가 일자리를 만들고 부를 창출한다. 그리고 부를 얻는 데는 건전한 비즈니스와 신용 체계가 있어야 한다. 이 나라에서는 누구든지 신용을 쌓고 유지할 수 있는 기회가 있다. 당신이 올바른 마음가짐만 가지고 있다면 당신의 창조적인 사고방식, 예술적인 재능, 지식, 노하우, 인격, 그리고 육체적인 힘을 변환시켜 커다란 부를 이룰 수 있다.

당신은 현재의 신용 체계 아래에서 아직 대금을 갚아나가는 중에도 자동차나 가구, 또는 집을 살 수 있고, 회사를 차릴 수도 있으며 농장을 빌려 농사를 지을 수도 있다. 하지만 신용을 계속 유지하려면 채무관계에 충실하여야 하며 제때에 대금을 갚아야 한다.

신용으로 구입한 집이나 다른 물건들에 대한 지불을 완료하게 되면 당신은 그 물건의 시장가격만큼 유형자산을 소유하는 것이다. 그리고 차용한 돈으로 구입하거나 이룩한 사업이나 투자는 지불이 완료되면 시장가격은 구입가의 몇 배가 될 수도 있다.

차용한 돈으로 부를 얻는 동안 당신은 국가의 부를 증가시키고 있는 것이다. 국가의 부는 그 나라 국민의 부에 달려 있기 때문이다. 그리고 국민의 부는 직업에서 나오는 꾸준한 수입에 달려 있다.

전국 세일즈 본부장 클럽에 따르면 세일즈맨 한 사람이 32명의 고용을 창출한다고 한다. 예를 들어, 당신이 자동차를 사면 자동차 세일즈맨과 공장의 직공들이 수입을 얻는 것이다. 그리고 자동차 제조회사에 납품하는 회사와 종업원들, 그 납품회사에 또 납품하는 사장과 종업원들도 수입이 생긴다.

이런 사람들은 각자 직간접으로 세금을 낸다. 그 세금으로 국가는 공무원들에게 급료를 지불하고, 공무원들은 그 돈으로 물건을 산다. 따라서 또 다른 사람들이 일자리를 유지하고 소비자가 되며 그들 역시 신용으로 구매를 하고 또한 세금을 내는 것이다.

주주들도 그들의 수익에 대한 세금을 내며 회사가 번창하면서 주식의 시장가가 증가함에 따라 그들의 부는 늘어난다.

정당한 세금

모든 수입과 재산에 대한 정당한 세금은 좋은 것이다. 세금은 국가에 좋은 것이며, 국가에 좋은 것은 국민에게도 좋다.

하지만 사업을 하면서 경영을 불합리하게 하거나 뇌물이나 주고받으면서 돈과 시간을 낭비하는 것은 좋지 않다. 국가의 경영도 사업이나 마찬가지로 정기적으로 감사하여 이와 같은 문제점을 없애야 한다.

다시 말하지만, 미국 정부는 신용이 있기 때문에 큰일을 크게 벌일 수 있다. 정부는 경상수지 외에도 차관한 돈을 운용하는데 미국은 역사상 금전적인 채무 문제를 일으킨 적이 없기 때문에 신용도가 높다. 독립전쟁 때 발행한 통화를 그대로 지키면서 이런 전통은 시작되었다. 미국 정부의 도덕성은 국민들의 고결한 도덕성의 반영인 것이다.

정당한 세금이 좋은 점은 그 세금으로 미국이나 그 밖의 나라가 군사력을 유지하여 국민의 삶과 자유와 부를 지킬 수 있기 때문이다. 그렇게 함으로써 자유를 사랑하는 사람들이 자유를 지킬 수 있도록 도와줄 수 있는 것이다. 그리고 국민들의 필요를 충족시키려고 돕는 과정에서 국가는 더 많은 부를 얻게 된다. 더 많은 공장, 더 많은 기계, 더 많은 생산, 더 많은 일자리는 곧 더 많은 세금을 의미하는 것이다.

세금은 좋은 것이지만 삶 속의 많은 좋은 것들이 그러하듯이 그것이 정말 바람직한 것인지 이성으로 바라보기 전까지 사람들은 그런 것에 관심을 두지 않는다. 연방세에 대하여 의회는 이렇게 규칙을 정했다.

'할 수 있는 한 세금은 줄여라. 하지만 규정에 따라서 처리하라. 불공정한 점이 있다면 우리가 규정을 바꾸겠다.'

이보다 더 공평한 것이 있겠는가?

현명한 비즈니스맨은 규정에 따라 일을 처리한다. 그는 불리한 점을 유리하게 바꾸고 그렇게 함으로써 부를 더 얻는다. 그는 크게 늘어난 부로 개인적인 이익을 취할 수도 있지만 사업에 재투자하여 비즈니스를 더욱 키운다. 그러다 큰돈이 필요하게 되면 그 사실을 인정하고 규정에 따라 처리한다. 주식시장에 주식을 상장하여 자신의 지분 일부를 내놓는 것이다. 비록 자신의 지분은 적어지겠지만 그의 전체 부는 증가한다. 왜냐하면 주식 가격이 회사를 공개하지 않고 매각하거나 청산했을 경우보다 더 오를 확률이 높기 때문이다. 주식을 매입하는 사람들은 경영자의 자질이나 관리 능력, 미래 비전과 같은 비가시적인 요소들을 고려한다는 사실을 명심하라.

이런 주식에 투자한 사람들도 부를 늘린다. 돈이 돈을 버는 것이다. 회사의 주식 소유주나 관리자들은 자신들을 위하여 돈을 벌고 주가를 올리기 위하여 일하는 사람들이다. 그렇게 함으로써 투자자들의 부도 함께 증가한다. 그리고 주주들은 어떤 목적이 있어 돈이 필요할 경우 주식을 담보로 돈을 빌릴 수 있다.

국가의 부

부유한 국가와 가난한 국가를 비교해 보면 국가의 부가 천연자원 같은 자원에 기인하는 것이 아니라는 것을 알 수 있다. 국가의 부는 영감을 받은 사고, 지식, 노하우, 그리고 근면한 국민에 기인한다. 자원은 단지 잠재적인 부에 지나지 않으며 가공되기 전의 천연자원은 가치도 낮다.

풍부한 자연자원을 가지고 있으면서 가난한 나라들이 자연자원을 어떻게 가공할 것인가를 살펴보기 전에, 자원도 별로 없으면서 부유한 길로 나아가고 있는 국가가 있다는 것을 인식하자. 일본, 서독, 푸에르토리코 같은 나라들이다. 그들이 발전하는 것은 정부와 국민의 긍정적인 마음가짐, 제조, 금융, 마케팅, 수출에 대한 지식과 노하우에 기인한다. 이런 나라들은 성공전략을 채택하고 있으며 앞으로도 계속 발전할 것이다.

미국처럼 풍부한 자연자원을 가진 나라에서 절대 실패하지 않는 성공시스템을 활용하여 많은 국민들에게 커다란 부를 안겨주는 것은 다음과 같은 조건만 충족된다면 그리 어렵지 않다.

1. 모든 자원이 국토에서 나온다.

2. 국내 인력을 활용하여 최종 제품을 생산한다.
3. 인건비, 원자재비 등 모든 비용들을 국내 통화로 지불한다.
4. 훌륭한 신용체계가 있어 모든 소비자들이 혜택을 입는다.
5. 정부는 기업의 자유를 보장하고 개인의 재산권을 보호한다.
6. 정부는 적대국이 감히 쳐들어올 생각을 하지 못하게 한다.
7. 국민들은 긍정적인 자세를 가지고 개인적인 성취에 자부심을 가지고 일에 기쁨을 느끼며 자기 나라와 다른 나라들을 더 살기 좋은 곳으로 만들고자 한다.

나눔이 부를 키운다

미국은 식량과 가공품을 전 세계의 빈민국에 원조함으로써 유형자산을 키웠다. 그렇게 함으로써 더 많은 공장, 더 많은 기계, 더 많은 생산, 더 많은 일자리, 더 많은 주택, 더 많은 세금 효과가 있었다. 그런 구호품에 대한 비용은 대개의 경우 받지 못하지만 그럼에도 불구하고 구호품을 선적할 때 우리의 유형자산은 늘어났다. 보다 중요한 것은 우리가 우방이나 친구들에게 도움을 주었기에 그들이 스스로 자립할 수 있었고, 필요하면 자유진영을 위하여 목숨까지 바칠 각오가 되어 있다는 점이다.

그에 더하여, 미국은 절대 실패하지 않는 성공시스템의 요체를 다른 국가에 나누어줌으로써 그들에게 스스로를 돕는 용기를 주었다. 선교사, 의사, 간호사, 과학자, 교사, 그리고 비즈니스맨들은 행동에 필요한 자극을 전하면서 그런 국가들이 가장 빨리 받아들일 수 있는 지식과 노하우도 제공하였다. 우리는 그들에게 차관을 제공했고, 그들이 생산한 제품을 사주었기 때문에 보다 빨리 자립할 수 있었다.

대외 채권

악성 대외 채권을 두려워한 몇몇 국가들은 가난하게 되었다. 물론 그런 나라의 지도자들은 부를 축적한 나라들로부터 배울 기회가 있었다.

모든 문제에는 만족할 만한 해결책이 있다. 하지만 그런 문제는 올바른 마음가짐으로 풀려고 노력해야 한다. 선진국은 무역적자의 심각한 문제에 부딪히면 수입을 조절할 수 있다. 헛된 자존심을 버리고 일시적으로 어떤 제도를 활용하는데 그 제도를 확실히 믿은 국가에서는 대단한 성공을 거두었다. 즉, 교환수단으로 금이나 은 대신 국가 교환 신용 판매 제도를 이용하는 것이다. 그리하여 어떤 공업생산국에서 농업국가의 생산품이 필요하면 그 제도는 다음과 같이 작동한다.

공업생산국은 농업생산국으로부터 5억 달러어치의 목재, 육류, 기타 제품을 구매하고 농업생산국은 공업생산국으로부터 같은 금액의 공산품을 구매하기로 약정한다. 각 나라는 공산품이나 농산물에 대한 대금을 자국민에게 자국 통화로 지불한다. 농업생산국의 비즈니스맨은 정부가 수입한 공산품에 대한 대금을 정부에게 지불한다. 마찬가지로 공업생산국의 육류 도매상은 정부나 대리인에게 자국 통화로 대금을 지불한다.

간단하게 말해서, 부는 국민들의 긍정적인 마음가짐, 교육, 노동, 지식, 노하우, 덕성을 통하여 창출되는 것이며 이때 정부는 기업의 자유를 보장하고 개인의 재산권을 존중하고 보호해야 한다. 부를 얻는 중요한 요소는 사고방식, 근면, 원자재, 높은 신용, 그리고 정당한 세금이다. 화폐 또는 교환수단은 누구나 알 수 있고 인정할 만한 가치를 지니고 있어야 한다.

녹스 요새[1]의 금이 꾸며낸 이야기라고 할지라도 미국에서 사고와 노동과 원자재를 가지고 창출한 유형자산의 가치는 전 세계의 금과 은을 합한 가치보다 훨씬 더 크다는 것을 기억하라.

이 장에 기술된 부에 대한 생각을 제대로 이해한다면 당신은 그 원칙을 당신 삶에도 적용할 준비가 된 것이다.

성공 능력을 키우는 지렛대의 원리

한 국가의 부는 국민의 부에 달려 있다. 먼저 부의 원천과 작용을 이해한 다음 부를 얻도록 하라. 이 장을 한 번 더 읽으면 어떨까? 그러면 전에 놓쳤던 사실을 새롭게 깨달을 것이다.

---

1) Ft. Knox. 켄터키 주에 있는 미군 요새. 1937년부터 미국의 금을 보관하고 있다고 알려져 있음

| 제14장 | **야망에 불을 지피는 방법**

"뜨거운 단추Hot button[1]가 무슨 말이야?"

내가 물었다.

"글쎄, 그건 누구나 다 가지고 있는 것이지."

잭이 말했다.

"그걸 알려면 어떤 사람이 원하는 것이 무엇인지, 그것을 얻으려면 어떻게 해야 하는지, 그리고 그 사람이 그것을 얻게 하려면 어떻게 도와주어야 하는지 알아야 하지. 맨 먼저 할 일은 그 사람이 자기가 가지고 있지 않으면서 마음속으로 필요로 하는 그 무엇을 뚜렷이 알 수 있게 도와주는 거야. 그런 다음 그에게 자네가 그 필요를 가장 잘 충족시킬 수 있는 것을 가지고 있다는 것을 보여주는 거야. 그래서 그의 욕구가 활활 타오르면 그 사람의 뜨거운 단추는 눌러진 것이지."

"그러니까 어떤 사람의 뜨거운 단추를 누르면 그 사람에게 동기

---

1) 여러 가지 의미로 쓰이는데 여기서는 동기부여를 의미한다. 미국의 미디어에 자주 등장한다.

를 부여한다는 말이지?"

내가 물었다.

"맞아."

잭이 대답했다. 그는 사람들에게 동기를 부여하여 성공적인 세일즈맨이 되도록 하는 데는 권위자이다. 그는 사람들에게 뜨거운 단추를 누르는 방법을 가르쳤다.

잭 레이시는 전국 세일즈 본부장 클럽의 세일즈 클리닉에서 하는 성공적인 세일즈맨 교육으로 유명해졌다. 그는 전국의 수백 개 회사에서 세일즈맨들을 훈련시켰다. 잭 레이시 클리닉 통신강좌와 녹음 교재는 여러 나라에 알려져 있다.

지금쯤 당신은 절대로 실패하지 않는 성공시스템의 가장 중요한 요소는 행동에 필요한 자극이라는 것을 알고 있을 것이다. 잭 레이시는 말한다.

'동기를 부여하려면 뜨거운 단추를 눌러라!'

이 말의 뜻은 사람을 행동으로 이끌기 위하여 자극을 주려면 올바른 단추를 찾아야 한다는 것이다.

삶에 목적을 주어라

레너드 에반스는 세일즈맨에서 세일즈 관리자로 승진하였고, 나중에는 미시시피 주의 지역 담당 관리자가 되었다. 그런데 그의 집은 아칸소 주의 더모트에 있었다. 아칸소에서 자란 사람들은 무슨 이유인지 다시 아칸소로 돌아가야만 하는 것 같다. 아칸소에는 무언가 사람을 끄는 힘이 있다.

   레너드는 세일즈 관리자로 성공하여 만족하였고 그의 실적은 일정 수준을 유지하였다. 영업은 잘되었고 수입도 좋았다. 하지만 책임자로서 나는 기뻐할 수 없었다. 나는 여러 번 그의 뜨거운 단추를 눌러서 그의 내부에 있는 영감의 불꽃을 피워 그를 단조로움에서 빠져나오게 하려고 애썼다. 하지만 영감의 불꽃은 금세 꺼졌다.

   레너드는 아주 만족해 하고 있었지만 나는 계속 자극을 시도하였다. 물론 약간 나아지기는 했다. 하지만 그는 우리의 전국적인 진도에 발을 맞추지 않았다. 그러던 어느 날 나는 그의 부인인 스코티로부터 편지를 받았다.

   친애하는 스톤 씨에게.

   레너드에게 심각한 심장발작 증상이 있습니다. 의사 말로는 오래 살지 못할 수도 있다고 합니다. 레너드는 사직한다는 편지를 저에게 대신 써달라고 했습니다.

   레너드가 건강할 때 사직서를 보냈으면 흔쾌히 받아들였을 것이다. 하지만 비즈니스에는 돈을 버는 것보다 더 중요한 것이 있다. 그리고 나는 레너드가 살기를 바랐다. 진정한 동기부여의 비결은 이성만이 아니라 감성에도 호소하는 것이다.

   나는 그에게 사직서는 반려할 것이며 밝은 미래가 우리들 앞에 있다고 말했다. 아직 함께 할 일이 많기 때문에 그가 정말 필요하다고 말했다. 또한 공부하고 생각하며 미래에 대한 계획을 짜는 시간을 가지라고 제안하였다. 나는 그가 병원에서 집으로 돌아와 나를 만날 준비가 되는 즉시 비행기로 더모트에 가겠다는 내용의 편지를 그에게 보냈다.

경험에 비춰볼 때 어떤 사람의 삶을 계속 유지시키는 방법 중 하나는 살아갈 목표를 주는 것이다. 결국 레너드는 완쾌되었다. 살아갈 목표가 있기 때문이었다. 그는 비즈니스나 돈을 버는 것보다 더 중요한 것이 삶 속에 있다는 것을 깨달았던 것이다.

내가 그의 집에 갔을 때 그는 더 이상 침대에 누워 있지 않았다. 그는 공부하고 생각하며 미래의 계획을 짜고 있었다. 그는 다섯 가지 목표를 세워놓았다.

1. 3년 후 12월 31일 은퇴한다.
2. 그때까지 연간 세일즈 실적을 두 배로 올린다.
3. 1백만 달러짜리 유형자산을 갖는다.
4. 휘하의 세일즈맨과 관리자들에게 영감을 주고 훈련시켜 수입을 많이 올려 부를 쌓을 수 있도록 한다.
5. 무엇보다도 성공 과정을 공부하면서 얻은 영감과 지혜를 다른 사람들과 나눈다.

그는 다섯 가지 목표를 달성하였다. 그의 긍정적인 마음가짐에 대한 강연을 들은 많은 사람들이 더 나은 삶을 살게 되었는데, 그들은 모두 레너드가 세상을 좀 더 살기 좋은 곳으로 바꾸는 데 도움을 주었다고 말했다.

이제 레너드에게 동기부여를 한 몇 가지 방법에 대해 살펴보자.

1. 잭 레이시가 말한 것처럼 나는 마음속의 필요를 확실히 볼 수 있도록 그를 도와주었고 내가 그 필요를 채워줄 가장 좋은 것을 가지고 있다는 것을 보여주었다. 암시였다.
2. 감성에도 호소하였다. 레너드에게 내가 그를 필요로 하고 있으며 밝은 미래가 그의 앞에 있다는 것을 확실하게 믿는다고 알려주었다. 내가 진지하게 말하자 그는 믿었다.
3. 그는 공부하고 생각하고 계획하는 시간을 잘 보냈기 때문에 신속하게 회복되었다. 그에게는 목적하는 것이 있었다.
4. 그는 가야 할 길을 알고 있었다. 그는 자기계발 통신 과정을 공부했는데 이 과정은 많은 사람들에게 큰 성취를 이룰 수 있는 동기를 부여하였다.
5. 공부하면서 그는 질문서에 답을 하였는데, 각 항목은 긍정적인 마음가짐을 고양하도록 설계된 것이었다. 첫 번째 질문에 답하면서 그는 5개의 확실한 목표, 즉 5개의 바람직한 계획을 세울 수 있었다.
6. 나의 제안을 글로 써서 보여줌으로써 더 확실하게 강력한 메시지를 주었다. 따라서 내가 단지 임종을 앞둔 사람에게 상투적인 말을 한다는 인상을 피할 수 있었다. 또한 나는 댈러스에

사는 친구 찰리 새먼스의 얘기를 들려주었다. 찰리는 심장마비를 일으켰으나 살아야 할 목표가 있었다. 회복하였을 때 그는 의사의 지시에 따라 마음을 활용하는 법을 배웠고 육체적인 문제는 의사의 지시를 따랐다. 심장마비가 오기 전에도 실적이 좋았지만 이후의 실적은 훨씬 더 훌륭했다. 담당 의사는 그는 앞으로 건강에 특별히 주의할 것이기 때문에 더 오래 살 것이라고 말했다.

꿈을 실현하도록 만들어라

레너드를 채용한 것은 조니 시몬즈였다. 그는 펠릭스 굿선도 채용하였다. 내가 한번은 펠릭스에게 물었다.

"당신은 왜 우리가 다른 주보다 아칸소 주에서 더 뛰어난 세일즈 관리자들을 뽑을 수 있었다고 생각하나요?"

그의 대답은 이러했다.

"다른 사람들 경우는 모르겠습니다. 전에는 일주일에 벌던 돈을 당신하고 일하면 하루에 벌 수 있다는 것을 조니 시몬즈가 보여주었을 때 가능성을 보았습니다. 그리고 그건 제가 바라던 전부였지요. 저는 일을 하고 싶었으니까요. 그러자 어떻게 돈을 벌어서 내 꿈을 실현시킬 수 있는지 알겠더군요."

그는 체계적으로 열심히 일했다. 절대로 실패하지 않는 성공시스템을 활용하여 세일즈맨에서 세일즈 관리자로, 웨스트버지니아의 지역 관리자로 올라갔다.

펠릭스가 어렸을 때 아버지의 농장에서 학교로 걸어갈 때면 아칸소 특유의 진흙이 발가락 사이로 삐죽삐죽 튀어나왔다. 언덕 꼭대기에 있는 하얀 저택을 지나갈 때 그는 혼잣말을 하곤 했다.

"언젠가는 이 농장을 사서 저 언덕 위의 하얀 저택에서 살 거야."

그는 웨스트버지니아 지역 관리자가 된 후 얼마 되지 않아 정말로 그 농장과 언덕 위의 저택을 샀다. 그리고 그가 기르는 가축은 아칸소에서 최고의 품질이었다.

그는 동료들을 아주 좋아했다. 그에게는 사람을 키울 줄 아는 능력이 있었다. 그는 덕성이 있는 사람이었고 또 그런 덕성이 있는 사람을 만들었다. 비교적 젊은 나이에 은퇴하여 자기 재능을 또 다른 꿈을 실현하는 데 쓰겠다고 나에게 말했을 때 나는 놀라지 않았다. 그는 음악 전도사가 되어 교회를 돕겠다고 했다. 그가 지니고 있는 세일즈맨이자 사업가로서의 역량이라면 기금을 모아 교단 활동을 확장시킬 수 있을 것이었다. 수년간의 공부가 필요했지만, 오늘날 그는 음악 전도사로서 세상을 좀 더 살기 좋은 곳으로 만들려고 노력하고 있다.

펠릭스 굿선에게 배운 원칙은, 당신이 다른 사람에게 그가 원하는 것을 얻을 수 있는 기회를 주면 그는 동기를 부여받아 원하는 것을 이루려 행동한다는 것이다.

앞서 말했듯이 가장 흥미로우면서 손쉽게 남에게 동기부여할 수 있는 방법 중 하나는 매력적인 이야기를 이용하는 것이다. 말하자면, 실제 경험했던 이야기를 들려줌으로써 행동에 옮기도록 영감을 주고 이성뿐만 아니라 감성에도 호소하는 것이다. 이것이 바로 내가 이 책을 통하여 전하고자 하는 것이다.

매력적인 이야기를 들려주어라

뉴욕의 브루클린에서 갱스터 목사로 불리는 데이비드 윌커슨 목사의 얘기를 하려는 것은 당신이 마음을 움직여서 자기 동기요인을 받아들이고 활용할 수 있도록 하기 위함이다. 모든 역경에는 역경과 맞먹는 혹은 더 큰 은혜의 씨앗이 있다. 윌커슨 목사는 다음과 같은 이야기를 들려주었다.

나는 펜실베이니아 콜포트의 어느 산에 있는 조그만 시골 교회에서 목회를 하고 있었지요. 10대 갱스터의 범죄와 마약 중독 얘기를 많이 들어서 항상 걱정이 많았습니다. 그런 애들이 항상 제 마음 한 구석을 차지하고 있었지요.

어느 날 서재에 있던 「라이프」 잡지를 집어들었습니다. 7명의 10대가 살인 혐의로 기소된 사진을 보았지요. 맨해튼 공원에서 마이클 파머를 살해한 혐의였습니다. 그 애들의 얼굴이 잊혀지지 않고 내 주위를 떠도는 것 같더군요. 그 아이들을 만나야 한다는 생각이 점점 더 강해졌지요.

그는 뉴욕으로 가서 재판을 방청했다. 그는 일곱 소년이 저지른 끔직한 범죄의 내용을 들었을 때의 고민스러운 경험을 이야기하였다. 왜 그들을 도와주고 싶다는 생각이 들었는지도 말하였다.

제가 이 소년들에게 느낀 감정은 동정심이었습니다. 법정에서 들은 말에도 불구하고 말이지요. 판사가 일어서서 오후까지 휴정한다고 할 때 함께 일어서야 한다는 충동을 느꼈습니다. 저의 강박관념이 그대로 튀어나왔다고나 할까요. 판사를 만나고 싶었습니다. 그는 판사실로 가고 있었지요. 그러나 법원 직원들이 판사를 만나지 못하게 저를 막았지요. 그래서 제가 목사라는 것을 알리기 위해서 성경을 꺼내들었습니다. 그리고 말했습니다.

"데이비슨 판사님, 제가 목사라는 것을 존중해 주신다면 면담을 허락해 주시겠습니까?"

판사는 깜짝 놀라더니 몸을 숨기며 소리쳤지요.

"저 사람 끌어내, 당장!"

갑자기 법정이 소란스러워졌습니다. 경찰 2명이 달려오더니 저를 중앙 통로로 끌고 갔습니다. 방청객들이 술렁이기 시작했습니다. 기자들은 이렇게 소리치더군요.

"카메라 가져와, 여기 그 사람이 있어. 카메라!"

경찰들은 총을 찾는다며 제 몸을 뒤졌습니다. 판사는 전에 생명의 위협을 받은 적이 있다는데 저는 그것을 몰랐지요. 사람들은 제가 목사처럼 분장하고 판사를 죽이려 한다고 생각한 겁니다. 질질 끌리면서 머리며 옷이 엉망이 되었습니다. 모든 일이 그저 악몽 같았습니다.

법정 밖으로 끌려나오자 여러 방송국과 신문사의 카메라가 마치 집중사격하듯이 터지더군요. 사람들이 제게 성경을 부끄럽게 여기지 않는다면 성경을 높이 들어보라고 하기에 나는 성경을 부끄럽게 여기지 않으며 하느님의 말씀이야말로 이 상황의 유일한 해답이라고 말했습니다. 그리고 성경을 들어올렸습니다. 그러자 여기저기서 다시 카메라가 터졌습니다.

다음 날 신문 한 부를 샀습니다. 끔찍했지요. 지금도 그 사진이 눈에 선합니다. 경찰 두 명과 마구 헝클어진 머리카락을 한 저를 찍은 사진의 제목은 '자칭 급진파 목사, 법정을 뒤흔들다'였습니다.

윌커슨 목사는 콜포트로 돌아오는 것이 부끄러웠다고 했다. 그의 아버지는 그가 신경쇠약에 걸렸다고 생각했다. 교회 관리자들은 적어도 2주 정도 휴가를 가라고 제안하였다.

"사실상 내가 임명한 관리자들은 긴급 회의를 열고 내가 목회활동에 불명예를 가져왔다며 저에 대한 임명을 취소하려고 했지요."

윌커슨 목사는 뉴욕으로 돌아왔다. 그의 경험에서 우리는 모든 역경에는 역경과 맞먹는 혹은 더 큰 은혜의 씨앗이 있다는 자기 동기요인의 한 예를 볼 수 있다.

차를 주차하고 176번가를 걸어가는데 누가 "안녕하세요, 데이브" 하고 인사를 하더군요. 그 사람한테 물었지요.

"저를 아십니까?"

"마이크 파머 살인재판 때 법정에서 쫓겨난 목사님이잖습니까. 목사님은 그 소년들을 만나려고 하셨지요?"

"그렇습니다."

"저는 탐이라고 하는데 그 애들의 대장입니다. 저하고 같이 가서 애들을 만나보시지요."

그는 나를 데리고 가서 아이들에게 소개했습니다. 그런데 아이들이 그러더군요.

"목사님은 됐어요. 이제는 우리와 같은 편이에요."

무슨 소린지 이해하지 못했는데 한 아이가 이렇게 말했습니다.

"경찰 둘이서 목사님을 법정 밖으로 끌어내는 것을 보고 그 경찰들이 목사님을 좋아하지 않는다는 것을 알았지요. 사실 경찰들은 우리도 좋아하지 않거든요. 그래서 목사님과 우리는 한 편입니다."

그러더니 나를 '갱스터 목사'라고 부르기 시작했지요.

월커슨 목사는 법정에서 끌려나오고 불명예스럽게 신문 1면을 장식하는 등 크게 좌절을 당했기에 누구도 접근하지 못했던 뉴욕 10대 조폭 두목과 추종 소년들을 만나고 관계를 맺을 수 있었다. 더불어 직업여성, 알코올 중독자, 마약 중독자들과도 터놓고 이야기할 수 있게 되었다. 그는 종교를 통해 그들을 예의 바르고 법을 준수하는 시민이 되도록 이끌었다.

그의 성공이 경이적이어서 어떤 목사들은 그가 기적을 행한다고 말하기도 했다. 심지어 심각한 10대 알코올 중독자, 마약 중독자,

악랄하고 잔인한 범죄자들도 영감을 받아서 대학 교육을 마치고 윌커슨 목사와 함께 그의 필생 사업을 돕고 있다.

당신에게 주는 의미는?

그러나 당신이 모든 역경에는 역경과 맞먹는 혹은 더 큰 은혜의 씨앗이 있다는 원칙을 이해하고 받아들이고 활용하지 않는 한 이런 사례들은 아무 의미도 없다. 절대로 실패하지 않는 전략을 통하여 야망의 불을 점화하라. 그럼 당신은 이렇게 물을지도 모른다.

- 어떻게 해야 그 원칙을 이해하고 받아들이고 활용하여 사랑의 기운을 유발할 수 있는가?
- 어떻게 하면 야망이 없는 사람을 야망을 갖도록 동기를 부여할 수 있는가?
- 어떻게 하면 현실을 극복하고 행동하도록 분발시킬 수 있는가?
- 무엇보다도 어떻게 하면 야망의 불을 점화할 수 있는가?
- 어떻게 하면 열정의 불꽃이 꺼지지 않게 할 수 있는가?

부모, 선생님, 목회자, 사업가, 세일즈 관리자, 청년 지도자들이 나에게 이런 질문을 자주 하였다. 나의 대답은 한결 같았다.

"절대 실패하지 않는 전략을 활용하십시오. 전략에는 세 가지 중요한 요소가 있습니다. 행동에 필요한 자극과 노하우, 그리고 행동지침입니다."

그리고 나서 멋있는 얘기를 들려주었다.

"저는 매주 수요일 밤에 시카고 보이즈 클럽에서 강의합니다. 주니어 성공 클럽이라고 부르는 10대들의 반도 있습니다."

그리고 그런 질문을 한 사람에게는 자기계발 서적이나 특별한 영감을 주는, 이를테면 영화나 연극 같은 것의 가치를 말해 준다. 주니어 성공 클럽에서는 지금 당신이 읽고 있는 책과 『긍정적인 정신 자세를 통한 성공』이라는 책의 자기계발 요점을 다루고 있다. 아이들은 먼저 『한번 해봐라』라는 책을 받는다.

2년 전 강의 첫 시간에 나는 말했다.

"여기는 여러분의 클럽이다. 앞으로 있을 모임에서 어떤 토론을 하고 싶은가?"

아이들은 학교 공부를 더 잘하고 직장을 구하는 방법을 알고 싶다고 했다. 강의를 시작하고 종료할 때 특별한 의식이 있었다.

회장이 묻는다.

"당신의 긍정적인 정신 자세(PMA)는 어떤가?"

멤버들은 열정을 가지고 대답한다.

"좋습니다!"

회장이 다시 묻는다.

"당신의 느낌은 어떠한가?"

멤버들이 열정적으로 응답한다.

"날아갈 것 같다! 기분이 좋다! 멋지다!"

강의를 끝내기 전에 나는 각자에게 일어서서 말하게 한다.

- 이 모임이 자신에게 어떤 의미가 있는가?
- 지난 번 모임에서 특별히 얻은 것은 무엇인가?
- 지금까지 배운 원칙 중 특별히 행동으로 옮긴 것이 있는가?

그러고 나면 회장은 강의 서두에 했던 질문을 되풀이한다.

어떻게 하면 학교 성적을 올릴 수 있을까?

내가 놀란 것은 이런 아이들이 다른 어떤 것보다도 어떻게 하면 학교 성적을 더 올릴 수 있는지에 관심이 많다는 점이었다. 그래서 나는 특히 어떤 과목이 신통찮으냐고 물어보았다. 대답이야 다 달랐지만 수학을 예로 들어보자. 내가 취한 방식은 이렇다.

1. 행동 유발하기

우선 수학이 왜 중요한지 이야기를 곁들여 설명해 주었다. 아르키메데스[1]와 가우스[2] 같은 위대한 수학자 이야기, 논리력을 키우는 수학적 사고, 다른 행성에 사는 외계인들과 수학적인 기호로 통신할 수 있는 가능성을 말해 주었다. 또 나는 수학이란 단계별로 원칙 또는 공식을 외우고 이해하기만 하면 쉽다는 것을 보여주었다.

나는 그들에게 그런 원칙을 응용하여 어떤 문제든지 풀 수 있다고 말해 주었다. 대학에서 삼각법을 배울 때 나는 레포트를 제출하

---

[1] Archimedes. BC 287~BC 212. 고대 그리스의 수학자·물리학자
[2] Carl Friedrich Gauss. 1777~1855. 독일의 수학자·물리학자·천문학자. 수학의 왕으로 불리며 19세기 초에 발흥한 순수 수학의 개척자로서 위대한 발자취를 남겼다.

지는 않았지만 위와 같은 방식을 이용하여 시험에서는 언제나 좋은 성적을 얻었다. 문제를 푸는 것은 관련된 원칙을 익히고자 함이다. 배우기만 하면 문제를 쉽게 풀 수 있는데 왜 원칙을 배우지 않는가? 원칙을 알면 누구나 자신이 하는 일을 정확히 알 수 있다.

2. 노하우와 행동지침

우리는 클럽에 모셔오면 잘 가르칠 것 같은 고등학교 선생님을 투표로 뽑아 초빙했다. 그 선생님은 가르치는 데 필요한 지식과 노하우를 가지고 있었다. 동기를 부여하는 노하우는 없었지만 그건 내가 보충했다. 멤버들은 그 선생님 밑에서 열심히 공부하였고 우리는 만족할 만한 보수를 드렸다. 결과가 어땠을까? 90일이 지나자 어느 학생은 두 학년을 월반하였다. 어느 7학년 학생의 독해력 실력은 겨우 3학년 수준이었는데, 90일이 지나자 5학년 수준이 되었고 학기 말이 되었을 때는 7학년 수준에 도달하였다. 학교에서 이 아이들이 우등생은 아니었지만 담임선생님은 이렇게 말했다.

"이 아이들은 긍정적인 정신 자세(PMA)를 가지고 있어서 졸업반이 되면 상위 10% 안에 들 수 있을 겁니다."

어떻게 하면 직장을 얻을 수 있을까?

10대들도 돈이 필요하다는 것은 이해할 수 있다. 그들은 정직하게 돈을 벌고 싶은 것이다. 어떤 의미에서는 필요가 동기를 부여한다. 그래서 나는 전에 사용했던 방식을 되풀이했다.

1. 행동에 필요한 자극 주기

일하는 즐거움과 짜릿한 성취감에 대한 재미있는 이야기를 해주고 나서 『바빌론에서 가장 부유한 사람』이라는 책으로 토론을 했다. 자기가 번 돈의 10%를 저축하여 제대로 투자하면 누구든지 부자가 될 수 있다. 그래서 우리는 투자 클럽을 만들기로 하였다.

2. 노하우와 지식

우리는 직장을 얻는 몇 가지 방법을 토론하였다. 아이들은 여러 아이디어를 내놓았고 내가 정리하였다.

1) 구인광고와 직업소개소를 알아본다.
2) 회사마다 문을 두드려본다.
3) 스스로 사업을 시작한다. 예컨대 신문, 잡지, 크리스마스카드 또는 특이한 물건을 팔거나 물건을 만들어서 판다. 나는 그들에게 가능성이 있는 회사의 사장에게 접근하는 방법, 거절당하고 나올 때의 태도 등과 같은 기술을 알려주었다.

3. 지도

직장을 얻고자 하는 멤버들에게는 우리 회사의 관리자인 탐 무어에게 연락하라고 알려주었다. 탐은 10대들을 고용하려는 회사를 많이 알고 있었다. 비서인 아트 니먼은 상공회의소에 연락하여 사람을 구하는 회원사들을 알아보았다. 결과가 어땠을까? 한 아이는 여섯 번이나 퇴짜를 맞은 뒤에 멋있는 직장을 얻었다. 직장을 원하는 아이들은 다 직장을 잡았다. 이후에 어떤 이유로 직장을 그만둔 아이는 스스로 직장을 찾거나 탐에게 와서 상의하였다.

훌륭한 시민은 태어나는 것이 아니라 만들어진다. 성적이 나쁜 학생들도 좋은 학생이 될 수 있고, 직장을 갖고 싶은 10대도 직장을 얻을 수 있는 것이다.

명심하라! 재능 있는 사람은 태어나는 것이 아니라 만들어진다.

성공 능력을 키우는 지렛대의 원리

위대한 사람이나 성공한 사람은 누구나, 노력한 분야가 무엇이든, 다음 말에 숨어 있는 신비한 힘을 알고 있다.

"모든 역경에는 그 역경과 맞먹는 혹은 더 큰 은혜의 씨앗이 있다."

| 제15장 | **재능 있는 사람은 만들어진다**

당신은 재능 있는 사람인가? 그렇게 생각하든 아니든 그것은 중요하지 않다. 당신에게는 이미 재능이 있다. 그리고 그 재능을 적절하게 활용하여 행동할 때 진정 재능 있는 사람이 될 수 있다. 지금은 이 말을 헛소리라고 생각할 수 있다. 그렇다면 재능이 있는 사람인지 아닌지 스스로를 납득시키도록 하라.

전문가들의 설명과 저서를 가지고 당신의 가치를 매겨보면 어떨까? 체크리스트에 예, 아니요, 또는 ?를 적으면 된다.

지성 Intelligence

- 웹스터 사전의 정의에 따르면, 지성이란 행동을 적절하게 조절하여 어떤 상황에 대처할 수 있는 힘이다.
    - ☐ 당신은 이 힘을 키우고 있는가?
    - ☐ 이 힘 활용하는 법을 배울 수 있는가?

☐ 이 장에서 이해가 가지 않는 단어를 사전에서 찾을 용의가 있는가?

- 목표를 향하여 나아갈 때 일어나는 일, 혹은 사건들의 상호연관성을 파악할 수 있는 능력
  ☐ 이 능력을 활용하는가?
  ☐ 이 능력을 키울 수 있는가?

- 특별히 새롭거나 난해한 문제를 성공적으로 대처 혹은 해결하기
  ☐ 실제로 그런 경험이 있는가?
  ☐ 앞으로 이런 문제를 좀 더 낫게 대처하거나 해결할 수 있다고 믿는가?

- 진실, 사실, 의미를 파악하는 이해력 또는 적응력
  ☐ 진실, 사실, 의미를 이해하고 있는가?
  ☐ 진실, 사실, 의미에 대한 이해력을 키울 수 있는가?

저명한 심리학자들은 지성을 아래와 같이 정의하고 있다.

- 생명체가 자신을 환경에 적절하게 적응시키는 능력

  - T. L. 이글, 『심리학의 원칙과 적용』

  ☐ 자신을 주위 환경에 만족스럽게 적응시키고 있는가?
  ☐ 사람, 장소, 상황에 맞춰 순응하는 법을 배울 수 있는가?

- 새로운 상황이나 문제에 대처하기 위한 능력

  － 레스터와 앨리스 크로우, 『타인들과 함께 사는 법 익히기』

  ☐ 올바른 정신 자세를 가지고 새로운 상황과 문제에 대처하는가?

  ☐ 새로운 상황과 문제에 좀 더 지성적으로 대처하기 위하여 스스로를 도울 용의가 있는가?

- 문제를 직시하고 배운 것을 이용하여 해결책을 찾아내는 능력인 지성은 많고 적음의 문제가 아니라 행동하는 방법이다. 지성은 어떤 상황을 지성적으로 다룰 때 드러난다. 지성은 지식에 의존하고 있지만 지식을 단순히 아는 것이 아니라 활용한다. 우리는 때로 지식은 많지만 좀 멍청한 사람을 보는데, 그 사람은 알고 있는 것을 제대로 이용하지 않는다.

  － 로버트 우드워스와 마리 쉐한, 『심리학의 첫 강의』

  ☐ 문제를 살펴보고 해결책을 찾을 때 배운 것을 적용하는가?

  ☐ 배운 것을 적용하여 문제를 인식하고 해결책을 찾으려고 노력하는가?

  ☐ 당신의 관찰, 이해, 사고력은 만족할 만한가?

  ☐ 관찰, 이해, 사고의 폭을 넓힐 수 있는가?

  ☐ 이 책에서 말하는 행동지침이라는 말을 이해하는가?

  ☐ 노하우라는 말을 이해하는가?

  ☐ 특정 목표를 달성하기 위하여 당신의 지식을 활용하는가?

  ☐ 지성이란 적용하고, 행동하고, 관찰하고, 이해하고, 사고하고, 활용함으로써 평가된다는 것을 이해하는가?

- 지성이 지식이나 정보와 다른 점을 염두에 두는 것이 중요하다. 지성은 포용력이다. 지성은 정보가 아니라 정보를 습득할 수 있는 능력이며 기술이 아니라 숙달될 수 있는 능력이다. 그러나 지성이 성공을 보장하지는 않는다.

  - 윌리엄 로버츠, 『실용심리학』

  - ☐ 지성이 지식이나 숙달된 기술이 아니라 숙달될 수 있는 능력이라는 것을 이해하는가?
  - ☐ 지성이 성공을 보장하는 것이 아니라는 사실을 확실히 이해하는가?

- 지성 또는 지성적인 행위는 1) 명확한 느낌, 2) 흡수하여 계속 활용하는 능력, 3) 풍부한 상상력, 4) 조건에 대한 반응, 5) 자기비판, 6) 확신, 7) 강한 동기 등이 있느냐 없느냐에 달려 있다.

  - 조셉 티핀과 프레드릭 나이트, 『정상인의 심리학』

  - ☐ 당신은 이 모든 것을 계발할 수 있다고 믿는가?
  - ☐ 내 것으로 만들어 계속 활용할 수 있는가?
  - ☐ 풍부한 상상력을 가지고 있는가?
  - ☐ 없다면 계발할 용의가 있는가? 상상력은 계발할 수 있다.
  - ☐ 당신은 조건에 반응하는가? 예를 들어, 다른 사람을 불쾌하게 만드는 말을 해보라. 상대의 불쾌감을 인식하고 무언가 조치를 취하는가?
  - ☐ 스스로를 위하여 건강한 자기비판을 하는가?
  - ☐ 할 수 있다는 자신감이 있는가?
  - ☐ 꼭 해야 하거나 하고 싶은 일을 하려는 강한 동기가 있는가?

재능 혹은 적성, 천성

- 재능을 지닌 어린이란 가치 있는 인간행동 분야에서의 활동이 지속적으로 또는 반복적으로 뛰어난 어린이를 말한다.
  - 폴 앤드류 위티 박사. 노스웨스턴 대학 교수, 심리 교육 클리닉 원장
  - ☐ 당신이 어떤 가치 있는 행동으로 이룬 성과가 다른 사람들과 비교하여 지속적으로 또는 반복적으로 나타나는가?

- 재능 : 자연으로부터 받은 능력 또는 능력들
  - ☐ 정상적인 사람이라면 누구나 이런 능력이 있다고 믿는가?

- 재능과 비슷한 말 : Faculty 재능, Aptitude 소질 혹은 적성, Genius 천재성, Talent 재능 혹은 재주, Knack 타고난 재주, 그리고 Bent 소질는 특정한 일에 필요한 특별한 능력을 가리킨다.
  - ☐ 누구나 어떤 특정한 일에 대한 특별한 능력을 가지고 있다. 당신은 그런 능력이 있는가?
  - ☐ 아직 그런 능력을 찾지 못했다면 찾아보겠는가?

- 적성 : 어떤 일에 알맞은 성질이나 적응 능력 또는 소질, 성격
  - ☐ 당신은 자신이 천성적으로 좋아하는 행동이 무엇인지 아는가?

- 천성 : 타고난 정신적 재능 또는 천성, 재주, 어떤 것을 발명하거

나 만들어내는 특별한 힘

☐ 누구나 타고난 정신적 재능, 천성, 재주를 가지고 있으나 활용하지 않는다. 당신은 어떤 성취를 이룸으로써 이러한 재능이 있다는 것을 증명한 적이 있는가?

☐ 어떤 것을 발명하거나 만들어보려고 노력한 적이 있는가?

☐ 어떤 특별한 것에 대하여 창조적으로 생각하고 노력을 기울이는가?

- 재주 : 흔히 재능과 대비된다. 언제나 그런 것은 아니지만 대개는 타고난 재주를 나타내는데, 이 재능은 재주를 지닌 사람이 자기 계발에 얼마나 부지런한가에 달려 있다.

  ☐ 열심히 노력함으로써 재능은 계발된다. 당신은 재능을 계발할 수 있는 타고난 역량이 있다. 당신은 그렇게 하려고 애쓰고 있는가?

전문가들의 의견

- 타고난 재능이 있는 아이들의 교육 성취도는 일반적으로 우수하다. 그들이 가장 잘하는 것은 읽기와 언어 분야이고, 가장 못하는 분야는 필기와 고함지르는 것이다.

  ☐ 당신은 읽는 속도와 독해력을 향상시킬 수 있는가?

- 타고난 재능이 있는 학생들은 언어발달과 표현력이 뛰어나다.

  ☐ 이런 것들 역시 습득된 기술이다. 당신은 이런 기술 활용을 향상시킬 수

있는가?

- 타고난 재능이 있는 어린이들의 학습속도가 뛰어나다.

  ☐ 당신은 배우는 속도를 올릴 수 있는 방법을 찾을 수 있는가?

- 재능이 있는 아이로 계발시키는 데는 동기가 가장 중요하다. 천재는 1%의 영감과 99%의 땀이라고 토머스 에디슨은 말하였다. 성공의 주요 요소는 상상력 더하기 야망, 그리고 일하려는 의지이다.

  ☐ 동기를 통하여 상상력, 야망, 그리고 일하고자 하는 의지를 키울 수 있다고 믿는가?

- 위티 박사는 『타고난 재능을 가진 어린이』라는 책에서 천재라는 말의 본질을 이렇게 설명하고 있다.

  "천재라는 말을 사람들에게 함부로 쓰는 것은 잘못이다. 아껴두었다가 뛰어나고 지속적인 가치가 있는 독창적 공헌을 한 개인에게 주어져야 한다. 아이큐가 180 이상이면서 아직 계발 단계에 있는 젊은이들은 잠재적 천재라고 할 수 있다. 시간이 지나면서 이들에게 근면성, 인내력, 창의력이 있다는 것이 드러나면 그때 '천재'라는 작위를 얻을 수 있을 것이다.

  ☐ 행동하고자 하는 영감이 생기면 근면, 인내, 독창성이 발달되고, 창의력을 일으키는 상상력에 불을 붙인다. 당신은 자기 영감을 통하여 뛰어나

고 지속적인 가치를 지닌 독창적 공헌을 하려고 노력한 적이 있는가?

잠재적인 천재

체크리스트를 잘 살펴보면 당신도 잠재적 천재라는 것을 알게 될 것이다.

사람은 누구나 행동에 필요한 자극, 노하우, 행동지침을 활용하여 잠재의식 속에 있는 어떤 힘을 끌어낼 수 있다. 에디슨은 이런 힘을 에테르Ether에서 나오는 보이지 않는 힘이라고 했다. 타고난 지적 능력과 정신 자세뿐만 아니라 스스로 불러낼 수 있는 이런 보이지 않는 힘은 아이큐 테스트로 측정할 수 있는 것이 아니다.

아이큐 테스트에 대하여 위티 박사는 이렇게 말하였다.

"재능 있다는 말이 높은 수준의 독창성이 있는 젊은이를 가리키는 말이라면 일반적인 지능 검사로 그런 아이들을 구별할 수 있는지 의심스럽습니다. 창조성은 독창성을 가정하는 것이며, 독창성이란 새로운 요소나 경험을 성공적으로 관리하고 통제하며 구성하는 것을 함축하고 있기 때문입니다. 지능검사는 이미 학습된 요소를 포함하고 있는 것이어서 독창성이나 창조성을 평가하는 데는 한계가 있습니다."

수년 동안 내가 깨달은 것은 아이큐 테스트가 지적 역량을 측정하지는 못한다는 것이다. 이 테스트가 잠재의식 속에 있는 창조적 힘을 간과하고 있기 때문이다.

이것을 알기 때문에 나는 많은 사람들에게 동기를 부여하여 자기들의 목표를 지향하고 스스로를 가장 잘 계발할 수 있는 환경을 찾으라고 영감을 주었고, 또 각자가 자기의 의식을 활용하여 잠재의식을 원하는 방향으로 이끌었을 때 자기가 가지고 있는 힘이 확장되는 것을 깨닫도록 하였다.

고아원에서 좋은 가정으로 입양된 아이들은 그리 큰 정도는 아니지만 10~20점 정도 아이큐가 올라간다고 한다. 누구나 아이큐는 더 끌어올릴 수 있다. 성인을 대상으로 한 실험에서도 단어와 독해력을 증진시키면 아이큐가 올라간다는 것을 보여주었다. 누구나 할 수 있는 방법 중 하나는 책을 읽는 것이다. 적어도 일 년에 3~4권은 읽어라. 적어도 한 권은 자기계발 서적이어야 한다. 월간지, 그리고 신문을 매일 읽어라.

속독 훈련을 받는 것도 좋다. 훈련을 받는 것만으로도 효과가 있다. 훈련받을 때는 주의력을 집중하기 때문이다. 시간이 지나면서 자연스럽게 행동지침도 생긴다. 그리고 그것이야말로 절대로 실패하지 않는 성공시스템이다.

성공 능력을 키우는 지렛대의 원리

당신의 잠재력은 무한하다. 활용 여부는 당신에게 달려 있다. 어디까지 가고 싶은가? 토머스 에디슨이 한 말을 기억하라.

"성공은 상상력 더하기 야망, 그리고 일하려는 의지에 바탕을 두고 있다."

| 제16장 | **운명을 바꾸는 힘**

"유레카! 유레카!"

아르키메데스는 목욕통에 선 채로 소리쳤다. 아르키메데스는 고대 그리스의 수학자이자 발명가였다. 그의 친구였던 왕은 어떤 어려운 문제로 그에게 도움을 청했다. 아마 왕은 순금으로 된 왕관을 주문하면서 금 세공인에게 필요한 양만큼의 금을 주었던 것 같다. 제작된 왕관이 왔을 때 왕은 그게 정말로 순금으로 제작된 것인지 궁금했다. 금 세공인이 금 일부를 착복하고 다른 질 나쁜 금속을 섞지 않았을까 의심이 들었던 것이다.

왕은 아르키메데스에게 왕관이 순금인지 확인해 보되 절대로 왕관에 손상을 주어서는 안 된다고 하였다. 아르키메데스는 생각에 잠겼다. 이 문제를 두고 여러 날 생각해 보았지만 답을 찾을 수 없었다. 그러나 그의 잠재의식은 내내 작동하고 있었다. 그러던 어느 날 아르키메데스는 물이 가득 찬 목욕통에 들어갔다. 물이 밖으로 넘쳐흘렀다. 아르키메데스는 잠시 동안 넘치는 물을 바라보다가 "유레카!"라고 외쳤다.

문제에 대한 해답이 잠재의식으로부터 번개처럼 떠올랐던 것이다. 그런 번득이는 영감은 우리가 보고, 듣고, 냄새 맡고, 맛보고, 촉감으로 느끼고, 경험하거나, 또는 생각했던 것에 대한 결과이다. 그리고 그 결과는 생각의 결합을 통하여 쉽게 이해할 수 있는 상징의 형태가 될 수도 있다.

아르키메데스에게 떠오른 생각은, 세 개의 똑같은 그릇에 같은 양의 물을 채운 후 첫 번째 그릇에는 왕관, 두 번째 그릇에는 왕이 금 세공인에게 준 것과 같은 양의 금을 넣고, 그리고 같은 양의 은을 세 번째 그릇에 넣은 다음 각 그릇에서 넘치는 물의 양을 재보는 것이었다.

'즉시 하라!'는 자기 분발 의지를 가지고 즉시 행동에 돌입하는 사람과 마찬가지로, 아르키메데스는 즉시 자신의 아이디어를 시험해 보았다. 실험 결과, 금 세공인이 왕을 속였다는 것이 드러났다. 일부 은을 섞어 왕관을 만들어 금을 착복했던 것이다.

아르키메데스는 과학자나 발명가들처럼 돈이나 사업에는 관심이 없었다. 하지만 그가 그런 것에 관심이 있었다면 똑같은 방법으로 자신의 의식과 잠재의식을 활용했을 것이다. 그는 운명을 바꾸는 힘을 어떻게 사용하는지 알고 있었기 때문이다.

운명을 바꾸는 힘을 이용하라

운명을 바꿀 수 있는 힘은 무엇일까? 물론 스스로 가지고 있는 힘이다. 그러나 그 힘과 영향력은 긍정적일 수도 있고 부정적일 수도 있다. 선한 일에 쓸 수 있고 악한 일에도 쓸 수 있다. 선택은 스스로에게 달려 있다. 운명을 바꿀 수 있는 힘은 사고이기 때문이다.

모든 힘이 그런 것처럼 사고의 힘은 숨어 있거나 혹은 뚜렷이 보일 수 있고, 한 곳으로 모을 수 있거나 혹은 흩어질 수 있으며 또는 쓸 수도 안 쓸 수도 있다. 그러나 쓰면 쓸수록 더 커진다. 사고를 많이 하면 할수록 더 많이 사고할 수 있는 능력이 생긴다. 하지만 사고할 때는 올바른 마음가짐으로 해야 한다.

사고는 무엇이든 가치 있는 성취를 이루는 성공의 첫 번째 원인이다. 사고하지 않는다면 성공할 수 없다. 사고가 그릇된 마음가짐에서 시작된다면 올바른 답 역시 얻을 수 없다.

아르키메데스는 생각하는 시간을 가졌기에 문제를 풀 수 있었다. 나폴레온 힐은 사고하는 시간을 가졌기에 자신의 책에 훌륭한 제목을 붙일 수 있었다.

머리를 써라

나폴레온 힐은 집필을 끝냈을 때 책의 임시 제목을 '부자가 되는 13단계'로 정했다. 그러나 출판사는 좀 더 잘 팔릴 수 있는 제목을 원했다. 1백만 달러짜리 제목을 기대한 것이다. 출판사는 매일같이 새 제목을 결정하라고 재촉하였다. 힐은 600여 개나 되는 제목을 만들어보았지만 마음에 드는 것이 없었다.

그러던 어느 날 출판사 사장에게서 전화가 왔다.

"내일까지 제목을 정해야 합니다. 마땅한 것이 없다면 제가 하나

만든 게 있는데요, 멋집니다. '머리를 굴려서 대박을 터뜨려라.'"

"누구 망하는 꼴 보자는 겁니까! 그 제목은 안 됩니다."

힐이 소리쳤다.

"어쨌든 내일 오전까지 더 좋은 제목을 알려주지 않으면 그걸로 하겠습니다."

그날 밤 힐은 잠재의식과 대화를 나누며 독백하듯이 큰 소리로 말했다.

"너와 나는 오랫동안 함께해 왔어. 나를 위해 많은 일을 해주었지. 이제 나는 1백만 달러짜리 제목을 찾아야 하는데, 그것도 오늘 밤 안으로 찾아야 한다고. 알겠어?"

힐은 눈을 감고 생각에 생각을 거듭하다 깜빡 잠이 들었다. 2시쯤 되었을 때 그는 누가 흔들어 깨우기라도 한 듯 갑자기 눈을 떴다. 그의 마음속에 어떤 문구가 불현듯 떠올랐기 때문이었다. 그는 출판사 사장에게 전화를 걸어 소리치듯 말했다.

"찾았어요. 1백만 달러짜리 제목 말입니다."

그의 말이 맞았다. 『생각하라 그러면 부자가 되리라』는 수백 만 권이 팔렸고 자기계발서의 고전이 되었다.

최근에 힐과 나는 뉴욕에 있는 노먼 빈센트 필 박사와 점심을 함께하였다. 함께 점심을 하면서 힐은 책의 제목을 찾던 과정에 대해 말하였다. 필 박사는 즉시 반응을 보였다.

"머리를 굴리라는 말은 생각하라는 말이고, 대박을 터뜨리라는 것은 부자가 되라는 뜻이니 출판사에서 바라던 대로 된 셈이군요."

이 책 여기저기에 나오는 이야기 속에서 주인공들은 암시, 자기 암시, 자동암시를 활용하고 있는 것을 볼 수 있다. 이야기의 주인공들이 보이는 반응은 과거의 습관과 사고 및 경험에 바탕을 두고 있다는 것 또한 알 수 있을 것이다.

사람은 누구나 자신의 생각을 통제할 수 있는 힘을 가지고 있다. 우리가 생각을 적절하게 통제하면 감정 또한 통제할 수 있는데, 감정을 통제할 수 있다면 옳지 않은 내적 욕구도 통제할 수 있다. 내적 욕구란 우리가 천성적으로 물려받은 본능, 열정, 감정 등으로 우리가 의식하지 못하는 사이 우리에게 영향을 미치는 것들이다.

우리가 미래 어느 시점에 심각한 잘못을 저지르지 않도록 자신을 보호하려면 높은 도덕적 기준을 설정하여 따라야 한다.

높고 올바른 행동 기준의 중요성

앞서 섹스, 술, 속임수, 그리고 절도를 세일즈맨이 실패하는 네 가지 요인으로 들었다. 이 네 가지는 실패하는 사람들의 공통된 요인이기도 하다. 그리고 그중 어떤 것 하나가 원인이 되면 어떤 형태로든 대개 속임수와 연결된다.

조에 대한 사례를 보자. 나는 그를 자랑스럽게 생각한다. 그는 항상 자신을 이긴 사람이기 때문이다.

조는 나의 세일즈맨 중 한 사람으로 어떤 세일즈 미팅에서 동기를 얻어서 활동을 시작했다. 그는 나쁜 습관에 물들어 있었기 때문에 행동 또한 바르지 못했다. 그는 정직은 사람이 반드시 지켜야 하는 덕목이라고 배우지 못했다. 그는 상금이 있는 판매촉진 대회에서 정직한 방법으로 우승하기보다는 왕관을 훔치기로 작정하였다.

적극적인 세일즈 팀에는 다양한 열정과 신기록을 세우기 위한 압력이 있게 마련이라서 세일즈 관리자는 미팅을 주관할 때 세일즈맨들의 이성과 감성에 호소하게 된다.

조가 참석한 어느 미팅에서 나는 그 팀 전체와 개인에게 매우 높은 목표를 주었다. 그런 미팅을 하면 세일즈맨은 자기에게 주어진 목표를 달성하리라고 믿게 된다. 미팅이 끝난 후 세일즈맨들이 활동에 들어가고 팀에 부여된 높은 목표가 달성되는 것은 각 개인의 목표 달성이 가능하다고 믿을 때 잠재의식이 강렬한 욕망을 현실로 바꾸어놓기 때문이다.

특별한 미팅이 있은 후 조의 실적은 언제나 미국 전역의 어떤 세일즈맨보다 높았다. 경이로울 정도였다. 판매촉진 대회가 끝났을 때 모든 세일즈맨들은 조가 대상을 차지할 것이라고 생각했다.

나는 그를 전국 여러 곳의 세일즈 미팅에 데려갔는데, 조는 자기가 어떻게 그런 실적을 올렸는지 자세하게 말하곤 했다. 그의 이야기는 정말 진지하고 설득력이 있어서 믿을 만하였다. 조는 다른 지역의 세일즈 관리자로 승진하였다. 그러나 갱신 시기가 왔을 때 왕을 속인 금 세공인처럼 조가 속임수를 썼다는 것을 알게 되었다. 그는 관리자를 속이고 왕관을 훔쳤던 것이다. 하지만 가장 나쁜 것은 조가 자신을 속인 것이었다. 자기의 가짜 실적에 대해 이야기를 하면 할수록 자신도 어느새 그것을 믿게 된 것이다. 나쁘게 잠재의식을 활용한 예였다.

그는 자기 규범에 대한 인식이 낮아서 속임수를 멈추지 못하였다. 자기 규범이 높았더라면 처음부터 그런 행동을 하지 않았을 것이다. 결국 조는 상금을 반납했고 명예도 박탈당했으며, 진짜 우승자가 상을 받게 되자 속임수가 들통 나면서 동료들의 조롱거리가 되었다.

나는 조에게 잠시 팀을 떠나 있으라고 하였다. 희망이야말로 가장 큰 동기요인이기 때문에 자신감을 찾으면 다시 조직에 합류할 수 있다는 희망을 주었다. 그에게 전문심리 치료를 받고 정기적으로 나에게 보고서를 보내도록 하였다. 또한 자기가 다니는 교회에 가서 사람들에게 도움을 받으라고 강력히 권하였다.

이 사건이 있은 후 우리는 각종 대회에 대한 시상을 하기 전에 모든 세일즈 실적을 점검하는 규칙을 만들었다.

사실 조처럼 도덕적인 규범을 벗어나는 사람들이 많다. 그들은 잘못을 저지르면서도 합당한 이유를 대지 못한다. 하지만 진짜 이유는 높고 올바른 행동 기준이 없기 때문이다.

왜 그런 속임수를 쓸까? 어떻게 해야 재발을 막을 수 있을까? 어떻게 하면 조와 같은 사람들을 도울 수 있을까?

스스로에게 질문을 던지며 문제 해결에 골몰하였다. 내가 답을 찾을 수 있었던 것은 내가 가지고 있는 원칙들을 문제와 결합시켜 해결한 경험 때문이었다. 그것은 마치 아르키메데스가 수학과 상호 연관된 물리법칙을 잘 알았기에 답을 얻을 수 있었던 것과 같다.

나는 에밀 쿠에[1] 박사가 진행하는 유명한 의식의 자동암시를 통한 자기 극복 과정의 학생이었다. 의식의 자동암시Conscious Autosuggestion는 이 책의 자기암시Self-suggestion와 동의어이다. 에밀 박사는 사람들로 하여금 스스로 질병을 고치고, 내가 자기 동기요인Self-motivator이라고 부르는 자기 긍정을 통하여 신체적, 정신적, 도덕적 건강을 유지할 수 있다고 한다. 그의 유명한 말이 있다.

"나는 모든 면에서 날마다 점점 더 좋아지고 있다."

올바른 기준은 사악한 암시를 뿌리친다

생각에 빠져 있다 보니 내가 찾던 해답이 명확하게 드러났다. 내가 내린 결론은 다음과 같다.

1. 왜 속임수를 쓸까?

- 조는 활기차고 열정적인 세일즈 미팅에 참석했는데, 거기서 자신이 판매촉진 대회에서 높은 실적을 달성할 수 있으리라는 강력한 암시를 받고 감정이 고조되었다. 그리고 감정이 고조된 사람은 그런 경우 특히 자기에게 있을 법한 암시에 취약하다. 조는 높은 실적을 올리라는 말을 듣고 믿게 되었던 것이다.
- 조는 목표를 달성하기 위해서 높고 올바른 정직의 기준을 계발한 적이 없었다. 돈을 훔치려고 하지는 않았으나 왕관을 훔치

---

[1] Emile Coue. 1857~1926. 프랑스의 심리학자. 암시법(暗示法)과 최면술을 연구. 자기 암시에 의한 정신 요법 창시자

고자 하였다. 그의 양심은 자기가 하지도 않은 세일즈에 대한 보고를 하고 돈을 받는 속임수를 멈추려 하지 않았다. 속임수가 버릇이 되면서 나중에는 점점 더 큰 속임수를 쓰게 되었다.

2. 어떻게 재발을 막을 수 있을까?

- 세일즈 미팅에 참석한 사람들이 자신들의 마음을 잘 다스리도록 하면서 정직과 성실을 강조한다. 특히 다음과 같은 자기 동기요인을 활용하도록 권장한다.
    - 진실을 직면할 수 있는 용기를 가져라.
    - 진실하게 행동하라.
- 사내 신문의 사설을 통하여 세일즈맨들에게 정직과 성실에 대한 높고 신성한 기준을 세우라고 동기를 부여한다.
- 실적은 모두 조사받는다는 것을 알게 한다.

3. 어떻게 조와 같은 사람들을 도울 수 있을까?

- 조는 실적의 유혹을 받지 않는 월급생활을 시작하였다. 나는 그와 그의 정신과 의사로부터 연락을 받고 그에게 편지를 써서 지금 좋은 직장에 있으니 열심히 일하라고 격려해 주었다.
- 그에게 두 가지 자기 동기요인을 외우도록 하였다. '진실을 직면할 수 있는 용기를 가져라. 진실하게 행동하라.' 이 말을 열흘 동안 매일 여러 번, 특히 아침과 저녁에 반복시켰다. 그러자 거짓말이나 속임수를 쓰고 싶은 마음이 생기면 이 동기요인이

잠재의식으로부터 올라와 곧 올바른 행동을 할 수 있었다.
- 정직과 성실에 대한 도덕적 기준을 세우라고 강조한 내가 쓴 사내 신문 사설을 그에게 보내주었다.
- 1년이 지나 조가 완치된 후 면담을 거쳐 그를 다시 채용하였다. 나는 그가 자신을 이긴 것이 무척 자랑스럽다고 말해 주었다.

외부 환경과 상관없이 높은 도덕 기준을 계발할 필요성을 발견하게 된 것은 짜릿하고 놀라운 경험이었다. 그리고 그로부터 새로운 기술을 더 발전시켜 모든 직업의 사람들, 특히 어린이들과 10대들이 스스로 자기계발을 하도록 도와주었다.

인생의 진정한 자산

우리는 11장에서 10대들에게 주는 암시 활용에 대한 내용을 읽었다. 어린이들에게 지속적으로 '너는 나빠', '너는 절대로 착한 애가 될 수 없어', '너는 절대로 올바른 사람이 될 수 없어'와 같은 암시를 주면 많은 아이들이 그에 반응하여 결국에는 올바른 사람이 되지 못할 것이다.

물론 반대의 경우도 있을 것이다. 어떤 아이가 '난 못해'보다는 '난 할 수 있어'라고 생각하는 습관이 생기면 긍정적인 암시가 반응을 불러일으켜 스스로에게 '난 할 거야!'라고 말할 수도 있다.

나는 시카고 보이즈 클럽에서의 경험과 브루클린의 10대 전도단과 시카고 교도소와의 교류를 통하여 소위 문제아들을 돌보는 데

암시의 영향이 크다는 것을 알게 되었다. 어떤 아이가 좋은 일을 하였을 때 좋은 생각의 씨를 심어주면 그 아이는 즉시 호의적으로 반응한다. 좋은 생각의 씨앗이라 해서 그리 특별한 것은 없다. 긍정적인 말을 자주 해주는 것이다.

"너는 점점 좋아지는구나."
"너는 매일 더 나아지고 있어."
"나는 네가 자랑스러워."

운명을 바꾸는 힘을 기르는 법
지금까지 우리가 살펴본 것은 다음과 같다.

- 운명을 바꾸는 생각의 힘
- 암시, 자기암시, 자동암시의 중요성
- 의식과 잠재의식의 상호 연관성

이 장의 목적은 당신으로 하여금 매일 연구하고 생각하고 계획하는 시간을 가져서 스스로 운명을 바꾸는 힘을 기르고 활용하도록 하기 위함이다. 알렉시스 캐럴 박사는 사고 자체를 목적으로 삼는 것은 일종의 심리적 악용이라고 말하였다. 사고에는 반드시 행동이 뒤따라야 한다는 뜻이다.

이제부터 매일 연구하고 생각하고 계획하는 시간을 가지면 누구나 운명을 바꾸는 힘을 기르고 활용할 수 있다. 하지만 구체적으로 어떻게 해야 할지 모를 수 있다.

그러나 18장 '성공지표가 성공을 부른다'를 읽으면 조지 세브란스와 그의 시간기록부 이야기를 알게 되고 자신만의 시간기록부 만드는 방법을 배우게 될 것이다. 매일 시간기록부를 활용하면 틀림없이 성공할 수 있다. 시간기록부를 따라하면 누구나 필요한 자극을 발전시킬 힘을 얻을 수 있고 행동에 대한 노하우를 습득하는 데 필요한 지식을 찾을 수 있을 것이다.

그에 앞서 인생의 진정한 자산이 무엇인지 먼저 살펴보자. 17장에는 '인생에서 진정한 자산은 무엇인가?'라는 질문에 대한 저명한 인사들의 답변과 진정한 자산을 모은 사람의 이야기가 있다.

성공 능력을 키우는 지렛대의 원리

- 사고는 우주에서 가장 놀라운 힘이다.
- 친절한 생각을 떠올려라. 그러면 친절해진다.
- 행복한 생각을 떠올려라. 그러면 행복해진다.
- 성공을 생각하라. 그러면 성공한다.
- 좋은 생각을 떠올려라. 그러면 좋아진다.
- 나쁜 생각을 떠올려라. 그러면 나빠진다.
- 아픈 생각을 떠올려라. 그러면 아프게 된다.
- 건강한 생각을 떠올려라. 그러면 건강해진다.
- 나는 내가 생각하는 대로 된다!

제5부
탐구의 끝을 맺다
...

17장 _ 진정한 자산
18장 _ 성공지표가 성공을 부른다
19장 _ 찾아라. 얻을 것이다

| 제17장 | **진정한 자산**

"안녕하세요, 잭."

어느 날 아침 한 통의 전화가 걸려왔다. 이 전화를 시작으로 이어진 일련의 사건 때문에 젊은 사업가인 잭의 삶이 바뀌었다.

목소리의 주인공은 조지아 주 애틀랜타에 있는 '소년의 클럽' 관리 책임자로 있는 해럴드 스틸이었다. 해럴드는 심각하고 긴급한 목소리로 상황을 설명하였다.

"제 차가 시동이 걸리지 않아서 아주 중요한 약속을 지킬 수 없게 되었습니다. 오늘 아침 8시에 네 살짜리 남자애와 그 애 어머니를 병원에 데려가기로 약속했습니다. 그 애는 백혈병 말기라서 제가 듣기로 며칠밖에 못 살 거라더군요. 저 대신 그 애를 병원에 데려다주실 수 있겠습니까? 그 아이의 집은 댁에서 겨우 몇 블록 떨어져 있습니다."

그날 아침 8시에 아이의 어머니는 잭의 차 앞좌석에 앉아 있었고, 아이는 너무 약해서 엄마 무릎에 머리를 누이고 조그만 발은 잭의 다리에 올려놓은 채 누워 있었다. 잭이 시동을 걸고 아이를 내려다

보았을 때 아이도 잭을 바라보다가 눈이 마주쳤다.

"아저씨는 하느님이세요?"

아이가 물었다.

잭은 망설이다가 부드럽게 대답했다.

"아니란다, 얘야. 왜 그런 걸 묻지?"

"엄마가 그러는데 하느님이 곧 오셔서 저를 데려간다고 했어요."

엿새 후 아이는 세상을 떠났다. 이 사건으로 잭 스티펀스의 인생 항로가 바뀌었다. 엄마 무릎에 머리를 누이고 있던 아이의 모습, 무기력한 아이의 눈동자, "아저씨는 하느님이세요?"라고 묻던 목소리가 계속 그를 따라다녔다. 이런 것들이 깊은 감정적인 인상을 남겨서 잭 스티펀스를 행동하게 만들었다.

오늘날 잭 스티펀스는 애틀랜타에 있는 소년들이 건강하고 품위 있고 건강한 미국 시민으로 자라도록 도와주는 일을 천직으로 여기며 활발하게 활동하고 있다.

잭의 이야기를 들은 후 그 이야기를 자주 생각했다. 사고의 힘을 보여주는 이야기였기 때문이다. 사실 누구에게나 그런 힘은 있다. 선한 일 또는 악한 일을 하게 만드는 생각의 힘 말이다.

"아저씨는 하느님이세요?"

아무도 당신에게 이런 질문을 하지는 않을 것이다. 하지만 당신도 잭처럼 그런 일이 있을 법하다는 생각이 들면 인생의 진정한 자산을 찾고자 하는 욕구를 가질 수도 있다. 당신이 선택할 수 있는 진정한 자산은 많다.

인생의 진정한 자산은 무엇인가?

어느 날 미국 보이즈 클럽 이사회에서 나는 로버트 우드 장군에게 이렇게 물었다.

"누군가 '당신 인생에서 진정한 자산은 무엇입니까?'라고 물으면 뭐라고 대답하시겠습니까?"

그는 망설임 없이 대답하였다.

"행복한 결혼과 행복한 가정입니다."

그렇다면 내 인생에서 진정한 자산은 무엇인지 생각하면서 집에 돌아왔을 때 멋진 아이디어가 떠올랐다.

'인생에서 바라던 것을 선택할 기회를 얻었던 저명한 인사들에게 이런 질문을 하면 어떨까?'

먼저 에드거 후버[1], 루스벨트 여사[2], 에디 리켄베커[3]처럼 가장 존경받는다고 생각되는 세 분과 몇몇 주지사에게 질문을 보냈다. 답변을 받은 후 그들의 답을 한데 모아보니 누구에게나 들어맞는 진정한 성공의 그림이 그려졌다.

나는 인생의 진정한 자산 중 하나는 국가와 인류에 대한 봉사를 통하여 우리의 고귀한 유산을 보존하고 우리의 신성한 자유를 보호하는 것이라고 믿습니다.

- 에드거 후버

1) John Edgar Hoover, 1895~1972. 전설적인 미국연방수사국(FBI)의 국장
2) Anna Eleanor Roosevelt, 1884~1962. 미국의 여성 사회운동가이자 정치가
3) Eddie Rickenbacker, 1890~1973. 미국의 비행가 겸 사업가. 조종사로 제1차 세계대전 참전

내 생각에 인생의 진정한 자산은 다른 사람이 필요로 하는 것을 채워주었다고 생각하는 내 마음속에 있습니다.

- 엘리너 루스벨트 여사

미국의 젊은이들을 도와주는 것.

- 에디 리켄베커

조지아 주립 정신병원을 방문했을 때, 나는 여러 해 동안 희망을 느껴보지 못한 수많은 얼굴들을 보았습니다. 그들은 병동에서 반쯤 남은 목숨을 그냥 견뎌왔던 것입니다. 그러나 그날 내가 그들의 얼굴에서 본 것은 희망이었습니다. 간절하고 매달리고 싶어 하는 새로 깨어난 희망이었습니다. 나에게는 이것이 인생의 가장 큰 재산 중의 하나입니다. 공직에 있는 사람은 아마 다른 어떤 직업에 종사하는 사람보다 진정한 인생의 재산을 얻을 기회가 많을 겁니다.

- 조지아 주지사 어니스트 밴디버

내가 일곱 아이들의 맏이였던 시절에 부모님은 우리를 먹여 살리시느라 고생이 심했습니다. 그런 와중에도 우리는 아무리 가진 것이 없어도 남들과 나눈다는 것은 행복하다는 것을 배웠습니다.

- 오하이오 주지사 마이클 디살리

진정한 자산 중의 하나는 친구입니다. 친구는 언제나 가까이에 있습니다. 친구는 당신의 행운을 기뻐하고, 낙심할 때 위로하며, 당신의 문제가 곧 그의 문제가 되는 것입니다. 사람은 옷이 해지고 지갑이 텅 비어도 진정한 친구의 사랑과 이해를 얻으면 결코 가난하지 않습니다.

- 테네시 주지사 뷰포드 엘링턴

아마 사람의 일생에서 가장 중요한 것은 동료들로부터 사랑과 존경을 받는 것일 겁니다.

- 캔자스 주지사 존 앤더슨 2세

인생의 진정한 자산을 가장 잘 얻을 수 있는 길은 공직 생활입니다. 공직 생활이라고 꼭 정치를 의미하는 것은 아닙니다.

- 사우스 캐롤라이나 주지사 존 그레이엄 앨트먼

인생의 진정한 자산은 주위 사람에게 봉사하며 경험하는 만족감입니다. 그런 봉사를 인생의 제1 목표로 삼은 사람은 행복한 가정을 꾸릴 것이며 우리가 인생의 진정한 자산이라고 부르는 모든 것을 누릴 자격이 있습니다.

- 코네티컷 주지사 존 뎀프시

제 개인적인 생각으로는 믿음, 행복한 가정, 그리고 의욕적인 일이야말로 행복한 삶으로 가는 동기 요소라고 봅니다.

- 인디애나 주지사 매튜 웰쉬

　사람이 인생에서 쌓을 수 있는 가장 큰 부는 주위 사람에게 봉사할 때 느끼는 보람이라고 봅니다. 남을 위해 자신을 희생하는 행동을 통해 종국에 가서는 우리 자신이 누구인지 발견하게 됩니다.

- 일리노이 주지사 오토 커너

　아이들의 행복과 성공

- 미네소타 주지사 엘머 앤더슨

　인생의 진정한 자산에는 인류에게 유익한 성취를 이룰 수 있는 임무를 맡아 일하는 특권과 그 임무를 완수하는 과정에서 내가 도움이 되었다는 것을 알 때의 만족감도 들어 있습니다.

- 아이오와 주지사 노먼 어브

　배움이야말로 가장 큰 기쁨이라고 말한 아리스토텔레스와 법 아래에서의 자유를 신봉했던 건국의 아버지들과 같은 생각입니다. 여기에 덧붙여 건강, 행복한 가정 그리고 지역 사회에서 함께 일하고 다른 사람들을 도울 수 있는 기회를 들 수 있겠습니다.

- 워싱턴 주지사 앨버트 로젤리니

　건강과 만족입니다. 혹시 이 대답이 진부할 수도 있습니다만,

곰곰이 생각해 보면 나에게는 육체적 정신적 포부의 최종 목표 지점처럼 보입니다.

- 사우스다코타 주지사 아치 겁루드

내 소박한 생각으로는 이렇게 말하고 싶습니다. 하늘에 계신 하느님, 미합중국의 헌법, 그리고 위대한 대자연입니다.

- 메릴랜드 주지사 밀러드 토즈

내 본분을 다하는 데 소용되는 지식이 인생의 진정한 자산 중의 하나입니다.

- 플로리다 주지사 패리스 브라이언트

1. 강건한 육체적, 정신적 건강
2. 넓은 지혜의 샘에서 지식을 축적할 수 있는 기회와 욕구
3. 우리의 재능을 충분히 활용하여 인류 복지에 이바지하는 것

- 델라웨어 주지사 엘버트 카블

행복한 가족, 신뢰할 수 있는 친구, 변하지 않는 믿음입니다. 이런 축복을 얼마나 받았는지 그리고 그 축복을 인식하는 정도에 따라 매일 매일 인생의 부유한 정도가 결정됩니다.

- 뉴저지 주지사 리처드 휴즈

첫 번째는 건강이고 다음으로는 좋아하는 일을 할 수 있는 직장을 갖는 특권일 것입니다. 그런 직장이라야 열심히 일한 다음 휴식과 여가를 즐길 수 있으니까요.

- 와이오밍 주지사 잭 게이지

대답은 딱 하나입니다. 행복이라는 영원한 평화를 찾고 즐길 수 있는 동기 말입니다.

- 버몬트 주지사 레이 카이저 2세

"인생의 진정한 자산은 무엇이라고 생각하세요?"
어느 날 일리노이 이밴스턴의 오링튼 호텔에서 이발사인 스탠리에게 물었다. 스탠리는 오래 생각하였다.
"함께하는 것, 선하게 사는 것, 새로움을 찾는 것, 그리고 그런 것을 찾았을 때의 즐거움이지요."
당신의 대답은 무엇인가?

예술, 그리고 인생의 진정한 자산

인생의 진정한 자산 중에는 아름다움에 대한 상상력과 감각에 호소하는 것이 있다. 그림, 조각, 건축, 음악 등등 이런 것들은 예술의 범주에 속한다. 그리고 많은 사람들이 이런 삶을 영위하고 있다. 예술은 긴장을 해소하고 만족과 기쁨을 주며, 창조적인 사고를 북돋우고, 나이와 직업에 상관없이 모든 사람에게 동기를 부여한다.

너무 가난해서 미시건 인터로첸Interlochen의 전국 음악 캠프에 참가할 수 없었던 쌍갈래 머리의 어린 소녀가 결국 캠프에 참여하여 큰 성공을 거두어 많은 사람들에게 즐거움을 줄 수 있었던 동기는 음악에 대한 열정이었다. 그 소녀는 시간을 들이고 재능을 발휘하여 수천 명 아이들의 꿈을 실현시켰다. 소녀는 이렇게 말하였다.

제가 쌍갈래 머리로 미주리 주의 작은 학교에서 색소폰을 불면서 가장 동경했던 것은 전국의 수많은 아마추어 음악가들처럼 인터로첸이라는 곳에서 꿈같은 여름을 보내는 것이었습니다.
그때 우리에게 인터로첸은 마법 그 자체였지요. 음악을 사랑하는 아이들이 마음껏 연주할 수 있는 여름 캠프라고 들었지만 대부분의 아이들에게는 멀고 먼, 대공황 때문에 절대로 이루어질 수 없는 허황된 꿈이라고 생각했습니다.

이 소녀가 시카고 트리뷴의 전문기고가인 노마 리 브라우닝이다. 어느 날 그녀와 남편 리처드 오그는 우리 집에서 함께 저녁을 했다. 그녀는 조셉 매디 박사와 인터로첸에 대한 집필 중인 책 원고를 일부 읽어주었다. 아직 제목이 정해지지도 않았고 원고도 정리가 안 된 상태였다. 원고 중의 어느 부분은 그녀가 인터로첸의 전국 음악 캠프에 갈 장학금을 탈 기회를 놓쳤을 때의 일을 쓴 것이었다.

고등학교 2학년이었을 때 나를 깜짝 놀라게 하는 일이 벌어졌지요. 클라리넷을 부는 엘리노어 시스코라는 1학년 여자애가 인터로첸에 참가하도록 뽑힌 거예요. 엘리노어는 학교 밴드와 오케스트라의 제1 클라리넷 연주자였지요. 오빠는 코넷 연주자였고 어머니는 피아니스트이면서 교회 오케스트라의 지휘자셨지요.

엘리노어가 뽑혀서 기쁘기도 했지만 한편으로는 내가 뽑히지 않아서 은근히 언짢았어요. 내 색소폰 실력이 그 애의 클라리넷만큼 좋았거든요. 음악 선생님은 나에게 인생의 몇 가지 현실과 음악에 대한 얘기를 해주셨어요. 지금 생각해 보니 그때는 클래식에서 색소폰이 꼭 필요한 악기가 아니었어요. 게다가 엘리노어는 피아노도 칠 수 있어서 인터로첸 캠프 장학금 제안이 들어왔던 거예요. 그러니 색소폰 연주자인 나에게 장학금 제안이 들어올 가망은 거의 없었지요.

엘리노어는 인터로첸에서 돌아오면서 전국 음악 캠프에 대한 멋진 소식들을 가져왔고 우리는 모두 샘이 났어요. 전에도 음악 캠프에 대해 들었지만 우리 고장 사람이 참석해서 직접 듣기는 처음이었지요. 비록 나는 인터로첸에 못 갔지만 이 경험은 나에게 깊은 인상을 남겼고 아마 나의 미래에 동기를 주는 요소가 된 것 같아요.

내가 음악을 사랑했기 때문에, 인터로첸이라는 지명 때문에 – 본 적도 없고 아는 것도 없는 곳이지만 나에게 깊은 인상을 남겨준 곳 – 그리고 참가하기에는 내 실력이 부족하다는 것을 알았기 때문에 나도 언젠가는 실력을 길러서 반드시 그곳에 가겠다고 결심했지요. 그리고 예전보다 더 열심히 연습했어요. 음악가가 되기로 결심하고 음악대학에 진학하기 위해 저축도 시작했고요.

하지만 고등학교를 졸업하기 전에 음악 선생님께서 말씀하시기를 내가 색소폰을 부는 것보다 시를 훨씬 더 잘 쓴다면서 저널리즘 공부를 하라고 권하셨지요.

노마 리 브라우닝은 대학을 졸업하고 대학에서 만난 애인인 유명한 사진작가 리처드 오그와 결혼했으며 두 사람은 뉴욕 등지에서 작가와 사진가 팀으로 활동하고 있다.

어느 해 여름에 남편과 나는 「리더스 다이제스트」의 청탁으로 북부 미시건에서 차를 몰고 있었는데 갑자기 우리 앞에 도로 표지판이 하나 나타났습니다. 달콤씁쓸한 종소리가 울리는 것 같더군요. 표지판에는 이렇게 쓰여 있었습니다.

'인터로첸. 전국 음악 캠프. 좌회전하시오.'

옛날 생각이 밀려오자 나는 소리를 질렀습니다.

"저기는 꼭 가봐야 돼. 내가 꿈꿨던 것처럼 그렇게 아름다운 곳인지 꼭 보고 싶어."

그것은 그녀가 소녀로서 꿈꿨던 모든 것이었으며 그 이상의 무엇이었다. 그녀는 그것을 집필 중인 책에 아름답게 묘사하였다.

너무 가난해서 인터로첸에 갈 수 없었고 장학금을 탈 대상이 아니었던 색소폰을 불던 소녀는 훗날 새로이 탄생한 인터로첸 예술

아카데미 초대 교수의 한 사람이 되었다. 그녀는 거기에서 재능 있는 젊은이들에게 창조적인 글쓰기를 가르치고 있다.

작가로서의 영향력 때문에 노마는 매디 박사를 제외하면 예술 아카데미에서 누구보다 많은 일을 하였다. 그중 하나가 수십만 달러의 자금을 모금하여 재능 있는 아이들을 지원하는 것이다.

나는 매디 박사를 처음 보는 순간 친구가 되면 정말 좋겠다고 생각했고 그를 잘 아는 지금도 그 생각은 변함 없다. 그는 긍정적인 마음가짐을 지닌 인격자이며 자기가 바라는 것이 무엇인지 알아서 그것을 추구하여 성취하는 실행력이 있는 사람이다. 그는 위대한 음악가를 양성하겠다는, 나아가서 음악에 대한 사랑을 인류와 공유하겠다는 끊임없는 바람이 있기에 항상 더 큰 성취를 향하여 매진하고 있다.

나는 매디 박사가 나에게 전해 준 그의 철학과 행동을 여러분과 나누고자 한다. 다음의 문구는 내가 그의 말을 들으면서 메모한 내용 중의 일부이다.

- 내 인생의 목표는 음악을 우리 교육의 일부로 만드는 것이다.
- 나의 믿음은 경험에 바탕을 둔 것이었다.
- 동기는 음악을 가르치는 데 있어서 주요 필요조건이다. 적절한 동기가 있으면 성공하고 없으면 실패한다.
- 인터로첸에서 개발하여 음악계에 널리 알려진 시험 제도는 음악도들을 분발시키는 가장 큰 동기요인이다. 누구나 타인과의

경쟁을 통하여 자기의 예술을 남에게 알릴 수 있는 기회를 가지기 때문이다.
- 내가 음악교육 분야에 뛰어든 이유는 설명하기가 좀 까다롭다. 나는 그저 가르치고 싶었을 뿐이었다. 부모님이 모두 학교 선생님이셨으니까. 나는 가르치는 요령을 알고 있었다. 또 하나 내가 음악교육 분야에 들어온 이유는 눈에 보이는 모든 악기를 연주해 보고 싶기 때문이었다.

언젠가 그에게 이렇게 물었다.

"당신이 개발한 교육 방식과 독일이나 다른 유럽국가의 교육 방식의 차이점은 무엇입니까?"

"유럽 방식은 기계적입니다. 악기 작동법을 완전히 익히는 데 아주 지루한 시간을 보내지요. 저는 동기를 주는 방식을 사용합니다. 먼저 학생들에게 음악 자체에 대한 사랑과 감상법을 알려줍니다. 내가 하는 일은 학생들의 마음속에 있는 소리를 악기로 표현할 수 있도록 동기를 부여하는 것이지요. 그러면 학생들에게 열정이 나타납니다. 열정이 있으면 기술을 완벽하게 다듬도록 만드는 것은 쉬운 일입니다."

조셉 매디 박사는 생각의 힘을 활용하여 행복한 가정을 꾸렸으며, 국가와 인류에게 봉사하였고, 다른 사람들이 필요로 하는 것을 채워주었다. 미국 젊은이들의 인격 형성을 도왔고 희망을 불어넣었으며, 남들과 나눌 줄 알았고, 많은 진실한 친구들과 교분을 쌓았고, 주위 사람들의 사랑과 존경을 받았다. 간단히 말해서 인생의 진정한 자산을 많이 모은 것이다.

성공 능력을 키우는 지렛대의 원리

'인생의 진정한 자산'이란 말이 당신에게 어떤 의미가 있는가?

질문에 대한 답을 아래의 빈 공간에 써넣음으로써 당신의 생각을 투명하게 하라. 당신 생각이 들끓기 시작하는 것을 보고 당신은 놀랄지도 모른다.

| 제18장 | ## 성공지표가 성공을 부른다

당신은 실패할 수 없다! 다시 말한다. 당신은 실패할 수 없다. 여기서 설명하는 지시를 따른다면 말이다. 내용은 다음과 같다.

- 성공지표가 무엇인가.
- 성공지표를 어떻게 만드는가.
- 자신의 성공지표를 어떻게 활용하는가.
- 왜 성공지표가 성공을 부르는가.

당신만의 성공지표를 만들어 활용하면 나쁜 습관은 버리고 좋은 습관을 얻으며, 부채에서 벗어나 저축을 하고, 부와 건강, 행복을 얻으며 인생의 진정한 자산을 얻을 수 있다.

증명해 보라고? 당신이 딱 한 가지 해주면 증명해 보이겠다. 성공지표를 만들어서 매일 활용하라. 그렇게 되면 당신은 확실한 증거를 보게 될 것이다. 즉, 자신 속에서 중요한 변화가 일어나는 것을 감지할 것이다. 한 번 해보라. 얻을 것은 많지만 잃을 것이 없다면 시도하라. 하지만 타성, 무관심, 게으름 때문에 시도하지 않는다면 아마 잃을 것이 무척 많을 것이다. 그리고 무엇을 놓쳤는지 알지도 못할 것이다.

성공지표의 기본 원칙을 활용하여 셀 수 없이 많은 사람들이 좋은 결과를 얻었다. 그중에는 유명한 정치인, 철학자, 성직자들이 포함되어 있다. 자, 에드워드 듀이로부터 온 '선행지표들'이라는 글을 읽어보자. 이 글도 당신 인생에 엄청난 영향을 줄 수 있다.

선행지표들 Leading Indicators

당신은 앞으로 해야 할 일이 무엇인지 아는가? 이것을 아는 방법 중의 하나가 선행지표들을 활용하는 것이다.

선행지표란 다른 것보다 먼저 일어나는 어떤 것이다. 검은 구름은 비의 선행지표가 될 수 있다. 낙엽이 지는 것은 겨울이 온다는 선행지표이다. 가게에 장난감 토끼가 많이 보이면 부활절이 다가온다는 선행지표이다. 거의 대부분의 경우에 그런 지표는 하고자 하는 일에 앞서 온다.

'내구재에 대한 신규 주문'은 잘 알려진 선행지표의 하나이다. 주문이 줄어든다, 그러면 생산이 줄어든다, 그러면 해고 사태가 발생한다, 그러면 해고된 사람들은 소비를 줄인다, 그러면 소매점 영업이 하락한다, 그러면 소매상들이 주문을 줄인다 등등.

다른 선행지표에는 제조공장 작업시간, 신규 설립 회사의 수, 주식 시세, 건축 경기, 파산 같은 것들이 있다. 파산은 거꾸로 작용한다. 다시 말해서 파산이 증가하면 나쁜 징조이고, 감소하면 좋은 징조인 것이다.

가이징거 지표 Geisinger Indicator

일반적으로 알려져 있는 선행지표보다 경제의 변화를 더 잘 (그리고 더 빨리) 예고해 주는 영업 수치를 특별하게 조합하고 연관시키는 지표도 있다. 이러한 특별한 조합을 발견한 사람은 오하이오 주 트로이 시의 로버트 가이징거였기 때문에 가이징거 지표라고 알려져 있다. 대개 산업생산의 경향이 바뀌기 전 9개월 앞을 내다본다(산업생산이란 산업에서 생산된 물량을 측정한 것이다).

전 세계에서 가이징거 지표가 어떻게 취합되는지 아는 사람은 셋밖에 없다. 밥 가이징거, 뉴욕에 있는 「사이클즈 매거진」의 편집장 거트루드 셔크, 그리고 나다.

「사이클즈 매거진」은 매달 가이징거 지표를 발표하여 독자들이 일반적인 비즈니스(산업생산)의 미래를 짐작할 수 있게 한다.

이해하고 받아들이기

이 책 전반에 걸쳐 당신은 이해하고 받아들이라는 반복되는 표현을 읽고 있다. 확실한 것이라고 해서 언제나 눈에 띄는 것은 아니기 때문에 선행지표에 대한 듀이의 편지에 나와 있는 원칙들을 어떻게 이해하고 받아들이고 활용하는지 살펴보기로 하자.

당신은 앞으로의 비즈니스, 가족, 사회생활 혹은 개인생활이 어떻게 되는지 알고 싶은가? 기억하라. 선행지표란 어떤 다른 것에 앞서 일어나는 그 무엇이다. 모든 경우에 지표는 당신이 관심을 가지고 있는 일보다 먼저 온다.

하지만 당신은 관찰하고 있는 것의 의미를 해석할 수 있는 지식과 노하우를 가지고 있어야 한다. 비에 앞서 비구름이 오고, 겨울에 앞서 낙엽이 떨어진다거나, 부활절에 앞서 부활절 장난감 판매가 늘어난다는 것을 모른다면 이러한 선행지표들은 아무런 의미가 없다. 이와 유사하게 당신이 사람이란 습관의 산물이라는 것을 모르면 어떤 사람이 훔치는 습관 때문에 도둑이 되고, 거짓말을 하면 거짓말쟁이가 되며, 진실을 말하면 올바른 사람이 된다는 사실을 깨닫지 못할 것이다.

어떤 특성이 좋은 성격의 선행지표이고 어떤 것이 아닌지 분간하는 것은 쉽기 때문에 당신이 되고자 하는 사람이 되는 데 도움이 되는 선행지표를 선택할 수 있다. 하지만 어떤 선행지표를 보고 행동하려면 생각을 해야 한다.

당신은 어떤 일이 일어나는 것을 본다. 그러면 경험과 귀납적인 추리에 따라 논리적으로 어떤 결과가 나올지 추론할 수 있다. 그런데 경험이 부족하다면 논리의 전제가 틀릴 수 있기 때문에 결론이 잘못될 수 있다. 그러므로 경험을 충분히 쌓기까지는 경험의 목소리에 귀를 기울이는 것을 주의해야 한다.

당신은 이미 나타난 결과를 볼 수도 있다. 경험과 연역적인 추리를 통하여 원인을 알아낼 수 있다. 원인을 알게 되면 앞으로 같은 결과가 나오는 선행지표를 얻게 되는 것이다.

간단한 예를 들어보자. 나의 새로운 세일즈맨 중 한 사람이 올바른 마음가짐을 갖고 있으면 그것이 바로 선행지표이다. 그 사람이 우리 세일즈 프레젠테이션에서 가르치는 이론적인 업무를 배우면 그것도 선행지표이다. 그 사람이 자기가 배운 원칙들을 활용하면 역시 선행지표이다. 각각의 지표는 그가 우리 회사의 세일즈맨으로서 성공할 것이라는 것을 나타낸다.

조지 세브란스를 처음 만났을 때 나는 그가 인격자이며, 긍정적인 마음가짐을 지니고 있고, 자기의 일을 아주 좋아하며, 전문가라는 것을 금방 알 수 있었다. 그래서 나는 그가 자기 분야에서 성공할 것이라고 논리적으로 추론할 수 있었다.

시간기록부와 성공전략

당신은 내가 제3장에서 조지 세브란스가 시간기록부를 개발하여 자수성가했다고 설명한 것을 기억할 것이다. 지금부터 조지의 성공 비결을 공개하겠다.

조지는 나에게 이렇게 말하였다.

"대부분의 세일즈맨들이 세일즈 활동을 하면서 소모하는 실제 세일즈 시간의 양을 기록하지 않습니다. 이런 세일즈맨들은 자기들이 허비하는 시간의 금전적인 가치를 모르고 있는 것입니다. 사실상 그들은 자신들의 인생이 어디를 향해 가고 있는지 또는 자신들이 가고 싶다고 생각하는 곳으로 어떻게 가야 하는지 모르는 것이죠. 이유는 간단합니다. 시간기록부가 없기 때문입니다."

"그럼 당신은 자신의 문제를 어떻게 해결하였나요?"

"무엇보다도 일상생활을 개선하고 싶다면 일상 활동에 슬그머니 끼어들어 오는 실수나 나쁜 요소들이 무엇인지 확실히 알아야 합니다. 이런 것들을 인식하게 되면 우선 자기 개선의 필요성을 느끼게 되지요. 시간기록부는 저에게 그런 역할을 했습니다. 시간기록부는 제가 일은 적게 하면서 더 많은 성과를 올리게 해주었습니다."

"어째서 그렇습니까?"

"특별한 인생 목표가 있어야 합니다. 윌슨 대통령은 이렇게 말하곤 했지요. '비전이 없는 사람은 망합니다.' 방향을 모르면 자신이 어디로 가고 있는지 모릅니다. 내일 일어날 일은 우리가 오늘 무엇을 하고 어떤 계획을 세우느냐에 달려 있습니다. 제가 일은 적게 하면서 더 많은 성과를 올렸던 이유는 매일 어떻게 생활하는지 기록하고 개선했기 때문입니다."

"그렇다면 시간기록부를 어떻게 활용하는지 정확히 말씀해 주십시오."

"시간기록부는 손에 낀 장갑처럼 자신의 생활에 꼭 들어맞아야 한다는 것을 명심하십시오. 누구나 제가 사용한 원칙을 똑같이 활용하여 자신만의 시간기록부를 만들 수 있습니다. 그것을 사용하면 자기가 선택한 어떤 일에서든지 성공할 수 있는 동기를 얻을 수 있습니다. 물론 시간기록부를 매일 사용해야 합니다.

보시다시피 시간기록부 카드의 항목들은 이렇습니다. 사무실에서 하는 일, 점심 또는 저녁식사, 모임, 잡담, 면담 추가 시간, 운동, 집안일, 심야시간 등등.

예를 들어서 운동에 대해 이야기해 보죠. 저는 운동을 정말 좋아합니다. 세일즈맨 생활을 시작할 무렵, 탁구와 스쿼시에 관심이 있어서 이런 운동을 잘하는 사람들이 많은 클럽을 찾아갔습니다. 그들과 12시쯤 만나 운동을 하곤 했는데, 제가 제일 먼저 한 일은 오후 3시까지 운동한 겁니다."

"그럼 그게 시간기록부에는 어떻게 기록되어 있습니까?"

"운동이란 항목의 낭비시간이라는 난에 2시간이라고 써넣었지요. 그리고 월말에 합계를 내보니 무려 25시간을 탁구나 스쿼시를 하는데 사용했더라고요. 무슨 대책을 세워야 한다는 걸 깨달았습니다. 그렇다고 오해는 하지 마십시오. 아예 탁구나 스쿼시를 안 하는 건 아니고 특별히 정해 놓은 시간에만 합니다."

"그럼, 그 시간기록부가 당신이 낭비하는 세일즈 시간을 줄일 수 있도록 어떻게 동기를 주었나요?"

"네, 시간기록부 카드에는 '개선 필요'라는 칸이 있는데요, 거기에는 업무적인 것과 개인적인 것이 있습니다. 개인적인 칸에는 '근무 중 탁구와 스쿼시 하지 않기'라고 기록했지요. 약자로 저만 알 수 있도록 적어놓았기 때문에 누가 카드를 보더라도 저의 개인적인 문제를 알아채지 못하지요.

매일같이 새 카드를 작성했기 때문에 운동 때문에 세일즈 시간이 잠식되는 것을 확실히 알게 되었고 교정할 수 있었습니다. 월말이면 각 항목별로 허비한 세일즈 시간을 합산해 봅니다. 그렇게 하면 개선하기 위해서 무엇인가 해야 한다는 동기가 생깁니다."

"시간기록부의 합산은 어디에 기록합니까?"

"월말 합계를 내기 위해서 시간기록부 1면의 첫 줄에 있는 '일'이라는 말을 '월'로 바꾼 특별한 카드를 만들고 거기에 모든 항목의 소모 시간과 합계를 기입합니다."

"그렇게 하면 어떤 효과가 있나요?"

"개선 필요 항목 밑에 '탁구와 스쿼시 하지 않기'라고 적어놓는 것은 확실히 제 잠재의식에 영향을 주었습니다. 저는 성공하고 싶었기 때문에 그에 맞게 허비한 세일즈 시간을 유용한 세일즈 시간으로 전환시키는 습관을 길렀지요."

"카드 1면에 있는 대부분의 항목들이 세일즈 시간 허비와 연관이 있다고 결론을 내려도 되겠습니까? 구체적인 예를 든다면,

- 잡담이라는 항목은 동료들과 차나 한 잔 마시면서 이런저런 얘기하는 것이니 세일즈 시간을 낭비한 것 아닙니까?
- 면담 추가 시간은 필요 없이 면담이 길어지면서 소모된 시간이 아닙니까?
- 가족을 위한 일이란 세일즈할 시간에 집안일이나 쇼핑을 한 시간이 아닙니까?
- 그리고 심야시간이란 비즈니스 미팅 후에 불필요하게 가정이

나 가족의 시간이 빼앗긴 것을 뜻할 테지요?"

"모두 맞는 말씀입니다."

"저녁시간이라는 제목도 있군요. 무엇입니까?"

"아시다시피 세일즈를 하다 보면 저녁시간에 고객을 방문할 일이 자주 생깁니다. 저는 시간기록부에 저녁 방문을 한 주일에 최대 2회 이내로 줄이겠다고 적었습니다. 물론 그만큼 낮 동안에 더 열심히 일했습니다. 그래서 많은 시간을 가족, 휴식, 그리고 공부에 활용합니다. 이런 것들 하나하나가 인생에서 진정으로 성공하는 데 대단히 중요하지요."

"카드 2면을 보면 방문하려는 사람들 명단이 있는데요. '만난 시간'은 약속시간이고, '면담 시간'은 실제로 고객과의 면담한 시간을 가리키는 것 같습니다. 세일즈 방문 밑의 '차후'는 그 후에 계속되는 방문을 말하는 것이고요. 맞습니까?"

"네, 그리고 저는 세일즈 방문과 세일즈 면담에 차이를 두고 있습니다. 방문을 해도 세일즈를 하지 않는 경우가 많으니까요. 그저 정보를 얻는다거나 정식 세일즈 방문 약속을 잡거나 하지요. 또 '체결 시도'라는 말도 보이실 텐데요. 이것은 제가 계약을 체결하려고 시도했던 횟수를 기록한 것입니다.

계약을 체결하려고 시도하지 않는다면 시간과 노력을 들여 세일즈를 할 이유가 없겠지요. 그리고 '판매금'은 판매한 보험의 금액을 가리킵니다. '차후 서비스'는 서비스 콜을 말하는 것입니다. 저는 서비스 콜을 통하여 잠재고객을 많이 확보하고 있는데 그들은

〈시간기록부〉

1면

나를 알아야 나를 개선할 수 있다					
이름			월		일
낭비한 시간 합			성공적인 하루였는가?	☐ 그렇다	☐ 아니다

시간	사용 시간	낭비 시간	개선 필요	〈주간 목표〉	스케줄	
사무실에서 하는 일			업무적인 것		목표	행동
점심 또는 저녁식사					시작 시간	
모임				〈월간 목표〉		
잡담					끝나는 시간	
면담 추가 시간						
운동			개인적인 것		저녁시간	
가족을 위한 일				〈연간 목표〉		
심야시간					공부 및 계획	

저 축		(자립으로 가는 열쇠)
목표액 :	실제액 :	

성격 및 특성

긍정적인 면(발전시킬 사항)	부정적인 면(개선할 사항)
1.	1.
2.	2.
3.	3.

2면

내일의 성공은 오늘 무엇을 하느냐에 달려 있다												
영업 기록	판매시간		세일즈 방문			세일즈 면담			결과		영업 외 시간			
	만난 시간	면담 시간	1차	2차	차후	1차	2차	차후	체결 시도	판매금	차후 서비스	잠재 고객	클럽	전화	점심
1.															
2.															
3.															
4.															
5.															

잠재고객 대체 명단

이름	주 소	나이	월수입	자녀
1.				
2.				
3.				

전체

저녁약속	이동시간	영업시간(현장)	영업시간(사무실)	
목표	목표	목표	목표	목표

잠재고객 항목에 기입하지요. '클럽'이란 항목에도 잠재고객들을 기입하는데, 미래의 잠재고객들을 확보할 수 있다면 근무시간 중이라도 골프 초대를 받아들입니다. 운동이자 세일즈 활동인 셈이지요. 이런 것도 제 비즈니스의 일부가 되었습니다."

"잠재고객 대체 명단에는 새로운 이름을 기입합니까?"

"그렇습니다. 벌목장에서 일상적으로 하는 일과 같습니다. 한 그루를 베면 한 그루를 심어야 합니다. 새로운 명단을 계속 만들지 않으면 머지않아 비즈니스를 계속할 수 없을 테니 말입니다. 저는 세일즈의 95%를 첫 방문에서 팝니다. 그전에 가졌던 세일즈 면담에서 세일즈 콜 준비를 하기 때문입니다. 한 잠재고객에게 세 번 이상 세일즈 방문을 하지 않습니다. 그리고 오래된 잠재고객 카드는 과감하게 찢어버립니다. 단지 저의 세일즈 시간을 낭비하고 싶지 않기 때문입니다."

"2면 바닥의 두 줄 사각형은 무엇입니까?"

"그게 중요한 것입니다. 목표가 있어야 하고 진전 상황을 알 수 있어야 합니다. 저는 날마다 카드를 새로 만들기 때문에 그 날의 특별한 목표를 세웁니다. 한 달을 마감한 후 만들어진 카드를 검토할 때는 마치 실제로 일어났던 뉴스를 보는 것 같았습니다. 처음에는 제가 만들었지만 창피했습니다. 그렇지만 시간이 지나면서 나름대

Tip〉 ① 처음부터 완벽한 시간기록부를 만들려 하지 마라. 우선 자신의 생활 패턴을 파악하라. 그것을 토대로 최초의 시간기록부를 만들고 점차 개선하라.
② 세브란스처럼 만들 필요는 없다. 자신의 직업이나 환경에 맞게 만들면 된다.
③ 반드시 카드일 필요도 없다. 적당한 크기의 수첩도 훌륭한 시간기록부가 될 수 있다.

로 기록하고 정리하는 노하우가 생기더군요."

점검하지 않은 것은 기대하지 마라

에픽테토스[1]는 이렇게 말했다.

"지옥으로 가는 길은 좋은 목적으로 포장되어 있다."

에픽테토스는 한 번 형성된 습관의 힘은 강력해서 고치기 어렵다는 것을 알고 있었다. 조지 세브란스도 그것을 알고 있었고, 프랭크 베트거[2]도 그랬으며, 벤저민 프랭클린도 그랬고, 당신도 그렇다.

나는 이렇게 말하고 싶은데 아마 에픽테토스도 동의할 것이다.

"당신이 행동을 통하여 좋은 습관을 얻고 나쁜 습관을 버린다면 천국으로 가는 길도 좋은 목적으로 포장된다."

당신은 좋은 목적을 이루기 위하여 바람직한 행동에 필요한 자극을 받을 수 있다. 하지만 필요한 지식이 부족할 수 있고, 그런 지식이 있다 해도 게을러서 필요한 기술을 활용하지 못하고 결국 새로운 습관을 들이지 못할 수도 있다.

그러나 에픽테토스, 프랭클린, 세브란스, 베트거는 무엇을 어떻게 해야 할지 알고 있었다. 그들은 자신만의 성공지표를 개발하여 날마다 목적을 달성하는 데 도움이 되도록 활용하였다. 당신도 자신만을 위한 특별한 성공지표를 만들 수 있다. 조지 세브란스에게는 시간기록부와 세일즈 시간 통제가 성공지표였고, 벤저민 프랭클

---

1) 세네카, 마르쿠스 아우렐리우스와 함께 대표적인 후기 스토아 철학자
2) Frank Bettger. 1888~1981. 미국의 세일즈맨이자 자기계발서 저자

린에게는 '작은 노트'였다.

　프랭클린은 평생 지켜야 할 13가지 덕목을 정하고 한 주마다 하나의 덕목을 선정해서 철저하게 실천했다고 한다. 이런 방식으로 1년 동안 13주씩 모두 4번 반복했는데 50년 동안 이 과정을 반복하면서 자신의 행위를 스스로 돌아보며 반성할 것은 반성했다고 한다. 그에 대한 기록이 프랭클린의 '작은 노트'이다. 프랭클린 역시 노트의 맨 위에 그 주에 실천해야 할 덕목을 적었다.

　프랭크 베트거는 『실패에서 성공으로』라는 책에서 프랭클린의 원칙을 어떻게 활용했는지 말하였다. 그는 노트 대신 13장의 카드를 활용하였는데 조지 세브란스처럼 카드가 더 편리하다는 것을 알았던 것이다. 조지 세브란스나 벤저민 프랭클린처럼 그도 카드 맨 위에 자기 동기요인을 적었다. 첫 카드는 열정이었는데, 그것은 열정적으로 살고 열정적으로 행동하라는 자기 동기요인이었다.

　이런 사람들은 성공지표를 여러 가지 목적으로 사용하였는데, 그 중의 하나가 매일 자기의 활동을 점검하는 것이었다. 성공적인 영업 조직은 정기적인 영업활동 점검을 필수적으로 실시한다. 하지만 개인이 날마다 자기 습관을 점검하는 것은 결코 쉬운 일이 아니다. 그러나 그 안에 성공의 비결이 숨어 있다.

　자신을 날마다 점검하려고 노력한다면 당신은 신년 정초에 세웠던 계획이나 결심들을 훨씬 더 효과적으로 오랫동안 지킬 수 있을 것이다.

　이제 자신의 성공지표를 짜는 데 도움이 되는 제안을 하기 전에 점검이 얼마나 중요한지 살펴보기로 하자. 왜냐하면 이런 일에는 무엇보다 자신에 대한 믿음이 있어야 하는데 그 믿음이 맹목적이어서는 안 되기 때문이다.

'La Fe' (스페인어로 '믿음'이라는 뜻)

'La Fe'는 스페인의 유명한 화가인 호세 가우삭스가 템페라[1] 화법을 이용하여 그린 그림이다. 그림을 자세히 보라. 무엇이 보이는가? 두 눈을 다 감았는가, 아니면 한쪽 눈을 살짝 떴는가? 당신 외에는 가우삭스라도 그 질문에 답을 할 수 없다. 그 눈을 바라보고 스스로 결정하라.

믿음이란 어떤 것을 믿는 것이다. 어떤 사람 또는 어떤 사물을 완전히 신뢰하는 것이다. 그러나 맹목적인 믿음은 두 눈을 영원히 감은 채 분별도 없고 이해하려고 하지 않는, 흔히 이성이나 판단력을 상실한 것이다. 그것은 무지의 어머니요, 때때로 고통과 파멸의 원인이 된다.

개인에 대한 믿음이건, 사상에 대한 믿음이건, 철학에 대한 믿음이건, 믿음이란 한 눈은 감고 다른 한 눈은 살짝 떴을 때 더 강력해지지 않는가? 당신이 감화시키고 싶은 사람이 두 눈을 감고 있는지 한 눈은 살짝 뜨고 있는지 확신할 수 없을 때 그런 믿음이 얼마나 효과적이겠는가?

당신은 절도나 다른 범죄로 잡혀 들어간 10대 아들을 보고 괴로

---

[1] Tempera. 안료에 달걀 노른자와 물을 섞어 그리는 화법

워하며 탄식하는 어머니에 대한 글을 읽은 적이 있을 것이다.

"우리 애는 언제나 착한 녀석이었어요. 전에는 나쁜 짓을 한 적이 한 번도 없어요."

이 어머니가 두 눈을 모두 감지 말고 한 눈을 살짝 뜨고 있었더라면 어떤 일이 일어났을까?

한쪽 눈을 살짝 뜨고 점검하는 그 자체는 결코 불신을 나타내는 것이 아니다. 따라서 화합과 행복을 위해 믿음이 절대적으로 필요한 관계에서는 한쪽 눈을 살짝 뜨고 있는 것이 믿음을 지키며 보다 실제적인 믿음이 되도록 확실하게 해준다.

당신 자신에게 솔직해라

"당신이 정직한 사람이라면 어떤 사람과 약속했을 경우 꼭 지킬 것이다. 자신에게 한 약속도 그에 못지않게 중요하다. 그러니 아무리 하찮은 것이라도 자신과 약속했으면 반드시 지키도록 하라. 지키려는 생각이 없으면 애초에 약속을 하지 마라."

조지 세브란스의 말이다. 이제 엄숙하게 약속하자. 나는 나 자신에게 아래와 같이 약속한다.

1. 오늘 밤 잠자리에 들기 전에 성공지표를 만들겠다.
2. 적어도 하루에 30분씩 앞으로 30일 동안 자아 발전을 위해 공부하고 생각하고 계획하는 시간을 가져 성공지표에서 최대한의 결과를 이끌어내겠다.

3. 자아 발전에 투입할 30분의 시간을 지키지 못할 경우에는 즉시 새로운 30일짜리 계획을 세우겠다.
4. 매번 30분짜리 자아 발전 노력을 시작할 때마다 신의 은총을 빌고 받은 축복에 대해서 신께 감사의 기도를 드리겠다(내용을 열거하라).

다음과 같은 제안이 당신에게 도움이 될 것이다.

- 일단 필기구나 깨끗한 종이를 준비하고 시작하라. 나중에 효과적인 틀이 만들어지면 인쇄하도록 하라. 조지 세브란스의 카드도 인쇄된 것이지만 처음에는 달랑 종이 한 장으로 시작했다.
- 첫 줄에는 자기 동기요인을 쓰도록 하라. 동기요인을 정기적으로 바꿀 수 있지만 일주일에 한 번 이상은 바꾸지 마라.
- '나의 성공지표'와 같은 적당한 제목을 붙여라.
- 새로운 양식을 만들기 어렵다면 이 장에 나와 있는 양식 중에서 적당한 것을 복사해서 사용하라.
- 공간을 넉넉히 두어서 목표달성이나 순간의 실패를 확인할 수 있게 하라.
- 상대적으로 발전 과정을 보여주는 양식이면 더 좋다.
- 부정적인 말보다 긍정적으로 쓰고 표현하라. 예를 들어, 당신의 단점이 거짓말을 자주 하는 것이라면 부정적인 표현인 '거짓말 하지 않기'보다 '진실하게 말하기'라든가 '정직'과 같은

긍정적인 말을 쓰도록 하라.
- 열정의 불길은 연료를 계속 공급하지 않으면 꺼질 수 있으므로 매일 적어도 5분 이상 자기 학습 자료를 읽도록 하라.

자, 이제 당신에게 모든 것이 달려 있다. 오직 당신만이 당신의 생각을 이끌고 감정을 통제할 수 있다. 그러므로 자신만의 양식을 만들고 이 프로그램을 효과적으로 수행하기 위하여 불철주야 노력하라. 그래서 원하는 결과를 얻어라. 당신은 할 수 있다.

성공 능력을 키우는 지렛대의 원리

성공을 향하여 앞으로 나아갈 때 중요한 것 중의 하나가 시간 나는 대로 자신의 습관을 기록하는 것이다. 정확하게 쓴다면 이 기록은 일상의 모든 노력과 행동의 거울이 될 것이다. 그것은 놀라운 힘이 있어서 당신을 새로운 길로 이끌 것이다. 이 장에 있는 원칙과 본보기에 따라 오늘, 아니 지금 당장 성공지표를 작성하라.

| 제19장 | **찾아라. 얻을 것이다**

"잉크 한두 방울로 쓴 글자 몇 마디가 수천 명, 아니 수백만 명의 생각을 움직인다."

바이런이 『돈 후안』에서 한 말이다. 이 책을 쓰기 시작했을 때 나도 같은 생각을 하였다. 이 책의 목적이 독자에게 동기를 주어서 아래와 같은 일을 하도록 하는 것이기 때문이었다.

1. 지속적인 성공을 이루기 위해 꼭 알아야 하는 단순하고 쉽게 이해할 수 있는 세 가지 개념을 배워서 활용하기. 여기에 이 책의 진수가 들어 있다. 누구든지 이 세 가지 요소를 잘 조합하여 특정 활동에 활용한다면 결코 실패할 수 없다.
   - 행동에 필요한 자극 : 원하기 때문에 스스로 행동하게끔 만드는 것.
   - 노하우 : 사용하면 언제나 일관된 결과를 가져다주는 특별한 기법과 기술로써 지식을 적절하게 적용하는 것. 노하우는 반

복되는 경험을 통하여 습관이 된다.
- 행동지침 : 특별히 관심을 가지는 활동, 서비스, 생산, 방법, 기법, 기술에 대한 지식.

2. 날마다 공부하여 지평 넓히기.
3. 스스로를 도와서 더 나은 사람이 되고 세상을 더 나은 곳이 되도록 끊임없이 노력하기.
4. 그것이 무엇이든 대상이 어떤 것이든 매일의 경험으로부터 얻은 원칙을 활용하는 습관 기르기.
5. 인생의 최종 목표는 인생의 진정한 자산에 있지만 금전적인 부와 사업의 성공 이루기.
6. 종교적인 가르침에 따라 살려고 애쓰는 행동에서 나오는 역동적인 철학을 느끼고 그에 따라 살며 행동하기.
7. 인생의 진정한 자산을 구하여 찾기.

잉크 한 방울이 수천 명, 아니 수백만 명의 사람들을 생각하게 만든다는 사실을 잊지 말자. 자기계발서 한 권이 셀 수 없을 만큼 많은 사람들에게 더 나은 삶을 제공하였다.
풀러 듀크의 예를 보자.

마음을 열어라

풀러는 잘 나가는 세일즈맨이었고 내 밑에서 훌륭한 세일즈 책임자가 되었는데 그만 시력을 잃고 말았다. 우리 회사의 다른 세일즈맨들처럼 우리는 그에게도 이 책과 같은 자기계발 서적이나 녹음자료를 주었다. 풀러는 잘생긴 아들 여섯과 예쁜 딸 다섯을 둔 행복한 가장이었다.

풀러 듀크는 종교적 믿음을 가지고 있었는데 그의 믿음은 과거에도 여러 번 드러났지만 최근 나에게 보낸 편지에도 잘 나타나 있다. 그중 일부는 다음과 같다.

나는 우리나라에서 가장 뛰어난 안과의사의 치료를 받았습니다. 그분은 내 시력을 되살리려고 모든 노력을 기울이다가 마지막 검사에서 더 이상 수술이나 치료가 소용없다는 것을 알고 매우 걱정하셨지요. 예전에 읽었던 『The Success System that Never Fails』의 내용처럼 행동에 필요한 자극을 얻어서, 나에게 정말로 한계가 있다면 그게 무엇인지 확인할 수 있는 노하우와 행동지식을 습득하려는 계획을 세웠습니다. 장애물이 나타난 것이지만 단지 인생의 최종 목적지로 가기 위해 잠시 돌아가는 것뿐이라고 생각했습니다.

지난 목요일부터 전문가들, 경영자들, 사업가들과 이야기를 나눈 결과 한 3개월 정도 학교에 다니면 점차 읽는 법과 혼자서 여행하는 법을 배울 수 있다는 것을 알게 되었습니다. 간단히 말하면 정상적인 생활을 할 수 있다는 거죠. 저는 브레인스토밍을 많이 해서 생각이 아주 긍정적입니다.

절대로 쉬지 않고 치료 방법을 찾아볼 겁니다. 『긍정적인 정신 자세를 통한 성공』에 나오는 조지 캠벨처럼 저도 아직 성공할 수 있다는 긍정적인 정신 자세를 결코 놓지 않을 것입니다.

저는 아직 기적을 이룰 수 있는 기회는 있다고 확신합니다. 그리고 그것이 전능하신 분의 뜻이라면 제 가족과 친구들의 기도에 응답이 있을 것입니다. 비록 제 눈은 안 보이지만… 제 마음은 항상 열려 있습니다.

지평을 확장하라

"교육은 우리가 미국인으로 살아가면서 개개인이 지니고 있는 훌륭한 특성을 계발하기 위한 것이다. 우리는 개인이 지니고 있는 지적, 육체적, 도덕적, 그리고 영적인 참 존재를 드러내고자 노력하고 있다."

일리노이 주의 국립교육대학 학장인 리쳐드 존슨 박사의 말이다. 폴 몰로이는 유머가 있으면서도 현실적인 저서 『그리고 그때 여덟 명이 있었다』에서 이렇게 말하고 있다.

- 어린이의 참교육은 학교나 교회가 아니라 엄마의 무릎에서 시작된다.
- 부모와 아이들이 자주 부딪히면 나중에 서로 멀어지는 경우가 적을 것이다.
- 어린이 지도 전문가들이 여기에 대해 뭐라고 말할지 모르지만 식탁에 과자가 있을 때 순무를 안 먹겠다고 할 정도로 똑똑한 아이는 자신을 스스로 돌볼 수 있을 정도로 똑똑하다는 이론으

로 교육해 왔다.

그리고 나는 기르는 아이는 없으면서 아이 양육에 대해 이야기하는 어린이 지도 전문가보다는 아이를 기르는 노하우와 지식이 있는 사람의 말을 들으라고 권하고 싶다.

자기계발 서적이 인생을 바꿀 수 있다

그래서 나는 자신감을 가지고 이 책을 쓰고 있다. 왜냐하면 나는 어떤 상황에 있는 사람에게도 동기를 부여할 수 있는 경험과 지식과 노하우를 가지고 있기 때문이다.

사람들에게 동기를 부여하는 한 가지 방법은 자기계발 서적을 소개하는 것이다. 내가 추천하는 특정한 책의 가치를 재미있게 알려주기 위하여 그 책이 남들에게 어떤 도움이 되었는지 실화를 들려주겠다. 이런 기법은 보이즈 클럽, 중고등학교, 대학, 교도소에 있는 10대들의 마음을 움직이는 데 특히 효과가 있었다.

프랜시스 맥케이는 시카고 교도소에 근무하는 사회복지사이다. 그는 우리 성공과학 과정의 학생으로서 자아계발 서적을 통하여 다른 사람에게 동기를 부여하는 방법을 배웠다. 아래에 일부 소개하는 편지는 얼마 전에 그가 맡고 있는 10대 수감자에게서 온 것인데 내게는 감동적이었다. 그 소년은 자기의 삶을 더 나은 길로 변화시킬 수 있는 원리를 이해하고 흡수하는 방법을 배웠다.

저는 막 『긍정적인 정신 자세를 통한 성공』이라는 책을 다 읽었습니다. 이런 책을 쓰신 선생님께 감사드립니다.

이 책을 읽고 감동받아 제 사고방식이 바뀌었다고 솔직하게 말씀드릴 수 있습니다. 이 책이 저에게 보여준 것은 '뜻이 있는 곳에 길이 있다'는 것입니다.

저는 열아홉 살인데, 선생님께서 책에 쓰신 '문제아'나 '하류 수감자'가 접니다. 거울을 들여다보면 그들이 바로 보입니다. 저는 또한 갱단의 제일 악랄한 놈이라는 말에 자부심을 가지고 있었지요. 그런 자부심, 환경, 친구들 때문에 지난 4년 동안 소년원과 교도소를 들락거렸습니다. 이제는 저도 철이 들어야 하고 그런 친구들을 떠나서 무언가 제 것을 찾아야 할 때라는 것을 알고 있습니다.

세월이 흘러서 제가 살아 있고 혹시라도 제가 존경받거나 최소한 존경하는 사람과 함께 옳은 일을 하고 있다면 뒤를 돌아보고 그 사회복지사와 선생님의 책을 기억할 것입니다. 저는 제가 착한 사람이 될 수 있다고 믿습니다. 그리고 하느님의 도움으로 그렇게 될 것입니다.

과거 저의 인생철학은 '오늘을 위해 살고 내일은 잊어라'였습니다다만, 이제는 '내일을 위해 살아라'로 바뀌었습니다. 저는 이제 저의 종교처럼 되어버린 그 문구를 결코 잊지 않을 것입니다.

'마음이 느끼고 믿으면 달성할 수 있다.'

- 따뜻한 마음을 가진 엄격한 선생님께

'희망작전'이라는 철학

아서 워드는 시카고 교도소의 소장이다. 그는 따뜻한 마음을 가진 엄격한 선생님으로 알려져 있다.

수감자의 삼분의 일 이상이 알코올 중독자인데 워드 자신도 그랬다. 하지만 부인과 목사의 감화를 받은 그는 술의 유혹을 뿌리칠 수 있는 용기와 힘을 길렀다. 그는 스스로 극복한 사람이기 때문에 자기가 극복한 불행을 똑같이 당하고 있는 사람들을 감화시키고 일으켜 세우는 방법을 알고 있었다.

그는 희망이야말로 사람을 움직이는 마법 같은 힘이라는 것을 알고 '희망작전'이라는 철학을 만들었다. 교도소를 떠나는 사람들은 누구나 자부심을 갖게 되었고 마음속에는 감화를 받은 철학을 가지고 있다. 희망작전에 따라 각자 좋은 옷을 지급받고 우리의 성공과학 과정과 다른 영감 자료를 통하여 성공원리를 배울 수 있는 기회를 가질 수 있었다.

"아마 선생께서는 희망작전이라는 주제가 제 삶의 이야기 같다고 말씀하실 겁니다. 제게는 이것이 삶의 진정한 자산을 상징합니다. 다른 사람들이 가장 훌륭하고 완전한 방식으로 인생이라는 경기를 치러나가도록 돕는 데서 오는 보상 말입니다."

워드의 말이다. 그럼 다른 사람들은 이 문제에 대하여 뭐라고 말하는가?

'인생의 진정한 자산이 무엇인가?'라는 질문에 대한 답이 몇 개 더 있다.

사다리의 아래쪽에 있을 때 행복과 평화와 평온을 얻는 것도 사실이지만, 성취를 이루었을 때의 환희를 즐기지 못한다는 것 또한 사실입니다. 일반적으로 통용되는 의미의 성공은 우리 안에 있는 힘을 최대한으로 경험하고 인식하는 것입니다.

- 데이빗 사르노프 장군

나에게 '진정한 자산'이란 영혼이며, 좋은 가정생활에서 파생되는 것이고, 의식적으로 수행하는 믿음에서 나오는 내적 힘이며, 개인적으로 매일매일 살아가는 동안 높은 이상을 지키는 것입니다.

- 로드아일런드 주지사 존 A. 놋티 2세

인생의 성공은 전적으로 우리가 이 세상에서 우리 이웃들에게 무엇을 해주느냐에 달려 있습니다. 이것은 주님께서 말씀하신 심판의 마지막 날에 볼 시험입니다. 그분은 이렇게 말씀하셨지요.
'내가 진실로 너희에게 이르노니 너희가 여기 내 형제자매 중에 지극히 작은 자 하나에게 한 것이 곧 내게 한 것이니라.'

- 텍사스 주지사 프라이스 대니얼(마태복음 25:40)

질문은 '인생의 진정한 자산이란 무엇인가?'이군요. 답은 아주 간단합니다. 하느님을 사랑하고 이웃을 사랑하는 겁니다. 그저 성경으로 돌아가면 됩니다. 저는 확실히 믿습니다.
'끝으로 형제들아 무엇에든지 참되며 무엇에든지 경건하며 무엇에든지 옳으며 무엇에든지 정결하며 무엇에든지 사랑받을 만하며 무엇에든지 칭찬받을 만하며 무슨 덕이 있든지 무슨 기림이 있든지 이것들을 생각하라.'

- 포르토프랭스의 성 빈센트 장애아 학교 교장 마가레트 수녀(필립보서 4:8)

나는 마가레트 수녀의 나이도 모르고 어떤 모습인지도 모르지만 수녀님이 인생의 진정한 자산을 찾으셨다는 것은 알 수 있다. 이 미국 여성이 아이티의 장애아들에게 해준 것이 하도 많아서 나에게 그분은 교회 봉사에 헌신하고 있는 수많은 여성들의 상징과 같다. 그분은 모든 사람을 대단히 사랑하면서 아프고 장애를 가진 아이들에게 특별한 자비를 베풀고 있다.

포르토프랭스에서 인생의 진정한 자산을 찾은 또 한 명의 미국 여성은 라비니아 윌리엄 야보러는 분인데, 아이티 무용단을 이끄는 유명한 무용가이다.

"나는 이 사람들을 사랑합니다"

라비니아가 최근에 나에게 편지 한 통을 보냈다.

저는 허리케인 헤이즐[1]이 닥치던 1954년에 조안 마가레트 수녀님과 처음 일을 시작했습니다. 그분은 엄청난 일을 하셨어요. 아이

---

[1] Hurricane Hazel. 1954년에 아이티, 미국 동부, 캐나다를 덮친 초대형 허리케인으로 아이티에서만 1,000명 이상의 사람이 죽음

티 여기저기를 비행기를 타고 다니며 희생자들에게 음식과 옷을 가져다주셨지요. 이렇게 다니시던 중에 어떤 마을에서 유일하게 살아남은 6개월 된 여자아기를 발견하고 포르토프랭스로 데려와서 죽어가던 아이를 살렸습니다.

저는 수녀님에게 그 아기가 세 살이 되면 운동을 시켜서 체격을 키우게 하겠다고 말씀드렸지요. 나이에 비해서 아주 작았거든요. 하지만 이제는 예쁘고 건강하고 정상적인 아이예요. 지금도 춤을 추고 있답니다.

저는 농아들과도 함께 일하고 있습니다. 성 빈센트 학교의 제자 중 하나는 듣지도 못하고 말도 못하지만 조안 수녀님 밑에서 무용을 가르치고 있지요. 저는 좀 더 재능 있는 농아 학생을 제 공연에 출연시키는데 아무도 그들이 농아인 줄 모른답니다. 나 자신부터 그 아이들을 정상적인 아이들과 절대로 차별을 두지 않습니다. 지금 저에게는 네 명의 농아 학생들이 있는데 모두 뛰어난 실력을 가지고 있습니다. 저는 또 소아마비에 걸렸다가 조안 수녀님 학교에서 회복한 아이들도 가르치고 있는데, 이 아이들은 다리의 힘을 기르기 위해서 발레를 연습하고 있답니다. 그리고 성 빈센트 학교의 다른 아이들도 가르치고 있지요.

성공 능력을 키우는 지렛대의 힘

마지막 장은 이 책 전체를 복습하는 곳이다. 집중해야 할 곳은 인생의 진정한 자산 쪽이다. 그것을 찾다 보면 부도 쌓고 성공도 할 수 있기 때문이다. 텍사스 주지사 프라이스 대니얼은 어떤 강연에서 다음과 같은 말을 했다.

"수년 전에 남미에서 온 어느 지도자가 북미의 경제적 발전이 남미보다 훨씬 앞선 이유를 묻자 그는 이렇게 대답했습니다. '북미에 와서 정착한 사람들은 하느님을 찾아서 왔고, 남미에 온 사람들은 금을 찾아서 왔기 때문입니다.'"

힌두교 전설에 의하면 신들이 세상을 창조하면서 다음과 같은 이야기를 나누었다고 한다.

"가장 귀한 보물을 어디에 감춰야 사람들이 잃어버리지 않을까? 어떻게 감춰야 욕망과 탐욕이 그 보물들을 훔치거나 파괴하지 못하게 할 수 있을까? 어떻게 해야 이런 보물을 대대손손 물려 모든 인류에게 유익이 되게 할 수 있을까?"

지혜를 발휘한 신들은 너무 뻔해서 눈에 잘 띄지 않는 한 장소를 선택해서 보물을 숨겨두었다. 그리고 신들은 거기에 인생의 진정한 부를 놓아두었고, 끊임없이 자가 발전할 수 있는 마법을 부여하였다.

절대로 실패하지 않는 성공시스템을 따른다면 어느 곳에 사는 어느 누구라도 숨겨져 있는 보물들을 찾아낼 수 있다.

지금 찾아라! 시간을 낭비하지 마라!

'절대 실패하지 않는 성공시스템'의 창시자

윌리엄 클레멘트 스톤

(William Clement Stone, 1902~2002)

W. 클레멘트 스톤은 시카고의 사우스 사이드에서 태어나 성장했다. 아버지는 그가 3세 되던 해 노름으로 큰돈을 잃은 후 사망했다. 6세 무렵 어머니가 재봉사로 일하는 동안 클레멘트는 어려운 집안 형편을 돕기 위해 신문을 팔기 시작했으며, 13세 때 자신만의 신문 가판대를 갖게 되었다고 한다. 이 책의 첫 장에 나오는 내용을 보면 그때 이미 사업가적 수완이 있었던 것으로 보인다.

16세 때부터 미시간의 디트로이트에서 어머니를 도와 보험대리점을 운영하였다. 당시 그는 모든 사무실을 방문하고 고객들에게 전화를 하며 상해보험을 세일즈하였는데 얼마 되지 않아 당시로서는 큰돈인 주당 100달러를 벌었다고 한다.

1919년 클레멘트는 'Combined Insurance Company of America'라는 보험회사를 설립했는데 1930년대에는 미국 전역에 1,000여 개가 넘는 대리점을 두고 영업하였으며, 1979년에는 보험회사의 자산 규모가 10억 달러를 넘었다고 한다. 보험회사는 1982년 패트릭 라이언 그룹과 합병한 후 1987년 'Aon Corporation'로 사명이 바뀌었다.

이 책은 최초의 진정한 세일즈맨이라 할 수 있는 클레멘트의 자서전이나 다름 없다. 그가 어떤 과정을 거쳐 보험제국을 건설할 수 있었는지 기록되어 있기 때문이다. 1930년대 세계적인 대공황 속에서 '**긍정적인 정신 자세**_PMA : Positive Mental Attitude_'를 바탕으로 하는 절대 성공시스템을 만들고 이 시스템으로 세일즈맨들을 훈련시켜 거대한 보험제국을 만드는 기초를 닦았다.

특히 대공황 시절, 아들의 알레르기 치료에 신경 쓰느라 회사일에 잠시 소홀한 사이 그 많던 휘하의 세일즈맨들이 대부분 떠나 135명으로 줄었지만 절대 성공시스템으로 무장한 135명의 세일즈맨들은 대공황 중에도 훈련되지 않은 1,000여 명이 영업할 때보다 더 많은 실적을 올렸다고 한다. 절대 성공시스템의 우수성을 스스로 입증한 것이다.

클레멘트 성공학의 핵심은 어떤 어려움 속에서도 '긍정적인 정신 자세'를 잃지 않는 것이다. 세일즈의 성공 여부는 고객의 기분이나 주위 상황에 좌우되는 것이 아니라 팔 수 있다는 세일즈맨의 긍정적인 정신 자세에 달려 있다는 것이다. 그가 죽기 얼마 전에 있었던 인터뷰에서조차 "PMA는 가치 있는 성공을 달성하는 가장 중요한 요소"라고 역설했다고 한다.

한때 「포춘」지가 선정한 '미국 50대 부자' 명단에 이름을 올리기도 했지만 자선재단을 통해 매년 200만 달러를 기부하고, 자신만의 성공철학을 전파해 많은 사람이 부자가 되는 것을 도우며 일생 약 2억 7,500만 달러를 여러 자선단체에 기부했다. 자활을 도우며 후원을 아끼지 않던 흑인 갱단 때문에 의회 청문회에 끌려나오는 등 곤욕을 치르기도 했지만 참다운 노블레스 오블리주였다고 할 수 있다.

클레멘트는 1923년 고등학교 시절부터 연인이었던 Jessie와 결혼하여 슬하에 3명의 자녀를 두었으며 천수를 누리다 101세가 되던 2002년 9월 세상을 떠났다.

THE SUCCESS SYSTEM THAT NEVER FAILS